Michael Bahn und Georg Steinig

August Stramm: Gehört

Die Theatrale. Medienproduktion 1

AUGUST STRAMM: GEHÖRT 🎧

Lyrische Kurzhörstücke zu der Sammlung *Du. Liebesgedichte*

Herausgegeben von Michael Bahn und Georg Steinig

Bibliographische Information der Deutschen Nationalbibliothek
Die Deutsche Nationalbibliothek verzeichnet diese Publikation in der Deutschen Nationalbibliographie; detaillierte bibliographische Daten sind im Internet über http://dnb.d-nb.de abrufbar.

Redaktionelle Mitarbeit: Georg Steinig

Covergestaltung: Ronny Kutter

Verlag: BoD · Books on Demand GmbH, In de Tarpen 42, 22848 Norderstedt

Druck: Libri Plureos GmbH, Friedensallee 273, 22763 Hamburg

Printed in Germany

ISBN: 978-3-7583-4033-8

Inhaltsverzeichnis

Vorwort

von Michael Bahn

Mit diesem Buch startet eine Reihe, die studentische Arbeiten vorstellt, welche im Rahmen kreativer Produktionsseminare unter dem Dach von *Die Theatrale Landau* an der Rheinland-Pfälzischen Technischen Universität Kaiserslautern-Landau (RPTU) entstanden. In Kooperation mit den Kollegen Dr. Christian De Schryver und Dr. Stephan Herzog vom Standort Kaiserslautern entwickelten Landauer Studierende im Sommersemester 2024 eigene Hörstücke, die auf der Lyrik des expressionistischen Dichters August Stramm beruhen.

Die Lyrik Stramms begleitet mich seit dem Beginn meines Studiums im Jahr 2003 an der Universität Potsdam. Schon immer reizte mich die scheinbare Unnahbarkeit, die bei der Erstbegegnung mit den Texten von vielen Menschen verbalisiert wurde. Deshalb begab ich mich auf die Suche nach Wegen, um die Gedichte für junge Menschen zugänglich zu machen. Neben meinem Dissertationsprojekt, der Theatralen Lyrikuntersuchung, ist dieser Kurs der zweite größere Versuch, Studierenden mit Hilfe kreativer Verfahren ein Verstehen komplexer lyrischer Texte zu ermöglichen. Aus dem eigenen künstlerischen Schaffen, in diesem Fall aus der Produktion eines lyrischen Hörstücks heraus, entstehen Sicht- oder Hörweisen, die Teile der Sammlung *Du. Liebesgedichte* aus einer erfrischenden Perspektive erleben lassen.

In der Zusammenarbeit mit den Kollegen aus Kaiserslautern, mit Georg Steinig, der als studentischer Mitarbeiter dem Projekt zur Seite stand, und den Studierenden aus Landau wurden insgesamt 20 Hörstücke geplant und davon 15 umgesetzt. Sicherlich ließe sich an den Ergebnissen noch so mancher Aspekt klanglich verbessern. Aber dieser Befund ist vor dem Hintergrund einzuordnen, dass dies für viele Studierende der erste Versuch einer kleinen Audioproduktion war.

Abschließend geht ein besonderer Dank an das Förderprogramm *Digitale & Hybride Lehre 2023*, das mir nicht nur die Einstellung eines studentischen Mitarbeiters ermöglichte, sondern auch einen regen Austausch mit Kolleg*innen aus anderen Fachbereichen in Landau. Ferner danke ich dem Förderprogramm *InterAct for RPTU*, das standortübergreifende Lehre finanziell unterstützt, für die Chance, professionelle Aufnahmetechnik anzuschaffen, die für zukünftige Projekte genutzt werden kann. Mein dritter Dank gebührt schließlich meinem Lebenspartner, Ronny Kutter, der das Cover des Buchs gestaltet hat.

Vorwort

von Georg Steinig

Wenn man sich fragt, was *Liebeskampf*, *Untreu* und *Freudenhaus* gemeinsam haben, kommt man unweigerlich zu zwei Schlussfolgerungen: Zunächst gehören sie alle zum Repertoire der Liebeslyrik des Dichters und Dramatikers August Stramm. Darüber hinaus bieten alle drei, wie auch die anderen Liebesgedichte dieses Expressionisten, eine Vielzahl an Interpretationsmöglichkeiten. Selbst die Deutungen in der Fachliteratur fallen vielfältig aus und daher ist es wenig verwunderlich, dass sich auch im Rahmen des Seminars *Die Theatrale Landau. Hörspielproduktion* sehr eigenständige Auslegungen entwickelten. Doch mit eben diesen Interpretationsansätzen begann ein einzigartiger Schaffensprozess, den ich als studentischer Mitarbeiter begleiten durfte. Von „rätselhaft" und „zweideutig" über „gleichermaßen faszinierend und überfordernd" bis schließlich hin zur eigenen Interpretation wurde im ersten Schritt das Fundament gelegt.

Nach theoretischen Grundlagen und einer Einarbeitung in das jeweils zugeloste Gedicht ging man im Plenum dazu über, eine eigenständige Umsetzung als lyrisches Hörstück zu planen. Dabei entstand eine fokussierte und kreative Arbeitsatmosphäre, wie ich sie selten erlebt habe. Der kreative Schaffensprozess intensivierte sich durch stets konkreter werdende Planungen der Studierenden, ohne dass die Kursleitung deren Kreativität beeinflusste. Hier entstanden bereits erste akustische Umsetzungsversuche in Eigenarbeit, die teilweise auch schon als Hörstück komplettiert wurden.

Der Großteil der Seminarteilnehmer*innen nahm jedoch den Exkursionstermin in das Tonstudio am Campus Kaiserslautern wahr. Dort wurden über einen Tag hinweg die Fähigkeiten aller Dozierenden, Mitarbeiter*innen und Teilnehmer*innen gewinnbringend genutzt, um die Projektplanung zu finalisieren und die Aufnahmen im Tonstudio zu vollziehen. Neben meiner beratenden und kontrollierenden Funktion hat mir das Mitwirken an den einzelnen Projekten am meisten Freude bereitet. Dabei würde ich den Exkursionstermin sogar als mein persönliches Highlight klassifizieren, denn neben all der Produktivität kam der Spaß nicht zu kurz und es entstand bei den Studierenden sogar ein gewisser Stolz darauf, bei so mancher Aufnahme aus sich herausgegangen zu sein. Nach der finalen Mischung und dem finalen Schnitt wurden die Projekte eine Woche später auch schon eingereicht.

Jedes Hörstück ist auf seine Art und Weise etwas Besonderes, etwas Schönes geworden, was in der Abschlusspräsentation alle würdigten. Ich denke, dass dieses Seminar nicht nur ein grandioses Beispiel für fächerübergreifende Lehre ist, sondern alle Beteiligten sehr viel Freude im Rahmen dessen hatten und sich das in diesem Buch widerspiegelt.

Aufbau des Bandes

Zunächst wird die Anlage des Projekts erläutert. Hier liegt ein besonderer Fokus auf deutungsleitenden Verfahren wie einem Fragenkatalog und dem Verständnistagebuch. Außerdem werden die Ergebnisse mit Blick auf die Gesamtanlage der Sammlung Stramms kurz eingeordnet.

Im Anschluss folgen die einzelnen Beiträge der Studierenden. Auf der ersten Seite finden Sie zu jedem Beitrag das Gedicht und, wo eine Vertonung vorliegt, einen QR-Code, der Sie direkt zu dem jeweiligen Hörstück führt. Anschließend erhalten Sie einen Einblick in eine Doppelseite des dazugehörigen Verständnistagebuchs. In einem kurzen Essay erläutern die Studierenden dann den Ablauf und die Intention ihrer Stücke, eine Hörskizze legt noch einmal die Zusammenhänge zwischen Gedicht, akustischer Realisation und Funktion der gewählten akustischen Elemente offen. Eine kurze Einordnung der jeweiligen Deutung vor dem Hintergrund bestehender literaturwissenschaftlicher Auslegungen rundet jedes Kapitel ab.

Sollten Sie keinen Zugriff auf die QR-Codes nehmen können, dann finden Sie alle Hörstücke auch unter dem nachfolgenden Link:

https://die-theatrale.de/2024/09/02/august-stramm-hoerstuecke/

Das Gedicht und das Hörstück – eine produktive Liaison?
Das Projekt *Die Theatrale Landau. Hörspielproduktion*

von Michael Bahn

Als Teil einer Technischen Universität haben es die Geisteswissenschaften nicht immer leicht, eine eigene Position zu behaupten. Dies gilt auch für die Landauer Germanistik, obwohl sie aufgrund der Studierendenzahlen einen durchaus gewichtigen Platz in der Anfang 2023 neu gegründeten Rheinland-Pfälzischen Technischen Universität Kaiserslautern-Landau (RPTU) einnimmt. Wie schon der Name vermuten lässt, ist neben dem technischen Schwerpunkt die Verteilung auf zwei Standorte identitätsstiftend für die RPTU. Der Kurs *Die Theatrale Landau. Hörspielproduktion* ist ein Beispiel für die Möglichkeiten, die sich einer geisteswissenschaftlichen Disziplin an einer Technischen Universität bieten, denn er verbindet nicht nur die Fähigkeiten zweier Standorte, sondern auch zweier Fachrichtungen, die ohne den Zusammenschluss nicht miteinander ins Gespräch gekommen wären. Während die Germanistik für den kreativen Input zuständig ist, übernimmt der Fachbereich Elektrotechnik und Informationstechnik (EIT) aus Kaiserslautern die Einführung in technische Grundlagen der Hörspielproduktion. Der Beitrag gibt nachfolgend einen Einblick in die Struktur des Kurses und ordnet die Ergebnisse kurz ein.

Anlage und Aufbau des Kurses

Grundsätzlich geht es in den Hörspielproduktionskursen darum, den Landauer Lehramtsstudierenden die Möglichkeit zu bieten, selbständig und mit einfachen Mitteln Hörstücke zu produzieren. Diese Fähigkeiten sollen sie später in der Schule anwenden und für den Unterricht nutzbar machen. Die Studierenden aus Kaiserslautern lernen hingegen, welche Rolle die von ihnen geleistete Arbeit innerhalb eines kreativen Projektes für die Wirkungsentfaltung und Ausdeutung spielt. Als Beispiel sei hier die Nutzung einer Blende genannt, die das Tonmaterial zunächst einmal von laut zu still oder still zu laut verändert. Im Rahmen interpretatorischer Auslegungen kann dieser technisch immer gleiche Vorgang jedoch zu unterschiedlichen Bedeutungen führen. So wird in der Hörspielanalyse bspw. zwischen einer Zeit-, Raum- und Dimensionsblende unterschieden. Je mehr Erfahrungen die angehenden Techniker*innen auf diesem ihnen eigentlich fremden Gebiet sammeln, umso besser können sie später unterstützend in der Produktion mitwirken und die Folgen ihrer Arbeit einordnen. Kurz gesagt, müssen die Studierenden beider Fachbereiche über den Tellerrand schauen und bereit sein, sich studiengangferne Fähigkeiten anzueignen.

Natürlich macht es die Entfernung der Standorte nicht einfach, die Studierenden zusammenzubringen. Deshalb werden die Sitzungen zwischen Landau und Kaiserslautern gestreamt. Zudem gibt es eine Fülle an digitalen Lerninhalten. Trotz dieser Bemühungen war es im Sommersemester 2024 leider noch nicht möglich, Studierende aus Kaiserslautern für den Kurs zu gewinnen. In Landau hingegen wurde das Angebot sehr gut angenommen. Ein großes Problem besteht in den unterschiedlichen Zeitschienen, die für die Kurse zur Verfügung stehen. Während es in Landau bspw. 30 Minuten Pause gibt, sind es in Kaiserslautern nur 15 Minuten. Dementsprechend liegen die Seminarzeiten (abgesehen von Terminen um 08:00 Uhr) teils weit aus- oder konträr zueinander.

Für das August-Stramm-Projekt standen insgesamt elf Sitzungen zur Verfügung, wovon die ersten vier in projektspezifisches Grundlagenwissen einführten. Es gab Lernvideos und Übungen zur literarischen Strömung des Expressionismus und August Stramm, zur Einordnung des Hörspiels mit besonderem Blick auf das lyrische Hörstück im Bereich Medien- und Gattungstheorie, zur Software *Audacity* und deren Nutzung für die Produktion sowie zu den Zeichensystemen des Hörspiels. Eine weitere Einheit befasste sich mit dem (Zu)Hören-Lernen. Im Anschluss ging es dann bereits an die Vorstellung der Skripte und die Produktion der Stücke. Ein besonderer Höhepunkt war der Ausflug nach Kaiserslautern, wo der Kurs das vorhandene Produktionsstudio für Aufnahmen nutzen konnte.

Um den Studierenden eine kleine Starthilfe für die Beschäftigung mit den Gedichten zu geben, wurde ihnen ein Lernvideo mit den wichtigsten Grundlagen zur Verfügung gestellt. Darin ging es zum einen um die literarische Strömung des Expressionismus und zum anderen um den Dichter August Stramm.

**Grundlagen I
Expressionismus und
August Stramm**

Der Expressionismus ist ein literarisches Phänomen, das vielen Studierenden in der ersten Begegnung Probleme bereitet, denn die Texte sind nicht leicht zugänglich und benötigen einen scharfen Blick, um verstanden zu werden. Zugleich zeichnet sich diese Strömung aber auch durch eine bestechende Aktualität aus, die ein großes Anschlusspotenzial für die Gegenwart bietet. Die Autor*innen zwischen ca. 1910 und 1920/1925 reagierten mit ihrer Literatur auf drastische Veränderungen der Lebens- und Arbeitswelt, bspw. durch Modernisierungstendenzen im Zuge der schnell voranschreitenden Industrialisierung, wie auf politische Krisen – der Erste Weltkrieg wäre hier zu nennen, der viele Expressionisten das Leben kostete. Dieser Befund lässt sich auf die Gegenwart projizieren, in der die Studierenden durch Digitalisierung, Künstliche Intelligenz, Dauerkrisen und den ersten Krieg seit 77 Jahren auf europäischem Boden mit einer ähnlich hohen Schlagzahl an Veränderungen umgehen müssen. Die expressionistischen Texte sind also eine Reaktion auf vergleichbare gesellschaftliche Umbrüche.

Video
Expressionismus und
August Stramm

Was für den Expressionismus im Allgemeinen gilt, gilt für August Stramm im Speziellen noch einmal besonders. Seine Texte bereiten nicht nur Probleme, sondern sie sind für viele zunächst regelrecht hermetisch, was an Stramms Hang zu Neologismen, Personifikationen, Inversionen und der Nutzung von Verben in Präsens- wie Infinitivformen liegen mag. Dadurch eröffnen sie aber auch einen großen Spielraum für Assoziationen und bieten Potenzial für eine Untersuchung aus wirkungsästhetischer Perspektive. Kurz gesagt: Die Liebeslyriksammlung *Du. Liebesgedichte* (1915) ist ausgesprochen vieldeutig, was für ein Projekt in der Tradition szenischer Interpretationsverfahren wichtig ist, um die Kreativität zu beflügeln.

Hörspiele sind vielen Studierenden noch aus der Kindheit vertraut, während sie gegenwärtig eher Hörbüchern oder Podcasts lauschen. Die Beschäftigung mit dem Hörspiel ist demnach eine Anknüpfung an die Vertrautheit kindlicher Rezeptionsmuster. Zugleich geht damit aber auch eine bestimmte, meist durch kommerzielle Hörspiele geprägte Erwartungshaltung einher, was genau ein Hörspiel ist. Im Kurs wurden insgesamt vier Medientheorien vorgestellt und es wurde versucht, das Hörspiel in ihnen zu verorten. Am praktikabelsten erwies sich dabei die

**Grundlagen II
Hörspiel und lyrisches
Hörstück**

Einteilung nach Harry Pross, der von primären, sekundären und tertiären Medien spricht.

Primäre Medien benötigen nach dieser Theorie keine Geräte zwischen Sender und Empfänger. Die menschlichen Sinne reichen für Produktion, Rezeption und Transport der Nachricht aus. Die menschliche Stimme und Sprache wären hier zu nennen.

Sekundäre Medien benötigen ein Gerät zur Produktion der Nachricht, aber nicht zur Rezeption. Ein Buch, ein Hörspielskript oder ein Terminplan gehören in diese Gruppe. Sie müssen mit einem Gerät gedruckt, können aber mit den Augen rezipiert werden.

Tertiäre Medien sind schließlich solche, die zur Produktion und zur Rezeption der Nachricht ein technisches Hilfsmittel in Anspruch nehmen. Hier verortet sich das Hörspiel, da es bspw. Aufnahmetechnik für die Produktion und Abspielgeräte für die Rezeption nutzt.

Aus literaturwissenschaftlicher Perspektive ist das Hörspiel im Bereich der Gattungstypologie zu diskutieren, denn es kann dramatische, epische sowie lyrische Formen beinhalten und kombinieren. Für den Kurs wurde in Anlehnung an Elke Huwiler folgende Definition festgehalten:

> Das Hörspiel ist eine elektroakustisch erzeugte und an das Medium Hörfunk bzw. an i.w.S. Tonträger gebundene Kunstform, die sich in Abgrenzung zum Hörbuch durch eine meist dialogische und szenisch gestaltete Darstellungsweise auszeichnet.

Damit wird zum einen die Abgrenzung vom Hörbuch getroffen, das in einer engen Auslegung als Lesung literarischer Werke verstanden wird, und zum anderen die Eigenständigkeit des Mediums Hörspiel im Rahmen literarischer Formen betont.

Die Zeichensysteme des Hörspiels zu bestimmen, gehörte zu den wichtigsten Grundlagen des Kurses, denn die Studierenden sollten später mit eben diesen Zeichensystemen ihre Hörstücke realisieren. Spätestens seit der Arbeit von Götz Schmedes werden sie in allgemeine und audiophone Zeichensysteme unterschieden. Zu den allgemeinen gehören demnach Sprache, Stimme, Geräusch, Musik und Stille, während audiopho-

Video
Hörspiel im Feld der
Medien- &
Gattungstheorie

**Grundlagen III
Die Zeichensysteme
des Hörspiels**

ne Zeichensysteme Blende, Schnitt und Mischung, die Stereophonie sowie die elektroakustische Manipulation einschließen – also Bearbeitungen durch Studiotechnik beinhalten. Zum besseren Verständnis stand den Studierenden auch hier ein digitales Format zur Verfügung, das die Zeichensysteme am Beispiel einer selbstproduzierten Version von Alfred Wolfensteins *Städter* vorstellt. In dem Video *Lern es wie ein Bro, Digga II. Das Hörspiel vom lyrischen Hörspiel* werden die Möglichkeiten einer akustischen Umsetzung des Gedichts diskutiert. Dabei geht es nicht nur um die Erläuterung der hörspielspezifischen Zeichen, sondern auch um Fragen der Auslegung und akustischen Aneignung eines Gedichts. Die Studierenden erhielten so eine erste Idee von einer Gedichtversion, die den Text nicht rezitiert, sondern transformiert.

Video
Lern es wie ein Bro,
Digga II

Fragenkatalog und Verständnistagebuch

Die Auseinandersetzung mit Gedichten gehört für viele Menschen nach dem Ende der Schulzeit nicht zu den bevorzugten Leseinteressen. Stattdessen handelt es sich häufig um ein angstbesetztes Thema, bei dem der ehemaligen Lehrkraft unterstellt wird, sie sei als einzige Person im Besitz der richtigen Deutung gewesen. So etwas ist natürlich Unfug und resultiert aus der Tendenz, Lyrik als Klausurthema in Verbindung mit epochenspezifischen Merkmalen einzusetzen. Diese Art des Umgangs mit lyrischen Texten ist eine Form der Auslegung, die es ermöglicht, das Gedicht im Kontext seiner Entstehungszeit zu verorten und es als künstlerische Reaktion auf die gesellschaftlichen Entwicklungen der Zeit zu verstehen. Vor dem Hintergrund einer kulturellen Allgemeinbildung ergibt dieses Konzept Sinn und sollte auch weiterhin einen Baustein in der schulischen Arbeit mit Gedichten ausmachen. Ungeachtet dessen kann es aber auch nur e i n Baustein sein, wenn junge Menschen nicht sofort von der Gattung abgeschreckt werden sollen, denn hier geht es nicht darum, was das Gedicht ihnen sagt, sondern was es den Zeitgenossen bedeutete bzw. was es Schüler*innen mit dem entsprechend angewandten Hintergrundwissen zeigen kann. Deshalb ist es wichtig, mindestens eine weitere Form der Beschäftigung mit Lyrik einzubinden, die jungen Menschen die Chance gibt herauszufinden, weshalb ein für sie ‚altes' Gedicht heute noch von Bedeutung sein kann.

Das in diesem Projekt genutzte Verfahren der Umwandlung eines Gedichts in ein lyrisches Hörstück lehnt sich an meine Dissertation und die darin entwickelte *Theatrale Lyrikuntersuchung* (TLU) an. Bereits 2011 und 2012 brachte ich mit Studierenden der Universität Potsdam ausgewählte Texte der Liebes- und der Kriegslyrik August Stramms auf die Bühne. Der Wechsel von einer theatralen hin zu einer akustischen Umsetzung erleichterte die Projektkoordination allerdings erheblich. Den Studierenden wurde zu Beginn des Kurses ein Gedicht zugelost, zu dem sie ein Verständnistagebuch mit eingelegtem Fragenkatalog erhielten. Das Verständnistagebuch zu führen, war obligatorisch, den Fragenkatalog zu nutzen nicht. Letzterer bot eine Hilfestellung, um sich dem Text zu nähern oder bei Problemen eine strukturierte Perspektive an der Hand zu haben.

Im Verständnistagebuch sollten alle Fragen, Unklarheiten, Ideen, Skizzen, Entwürfe, Deutungen usw. festgehalten werden. Dass dies nicht digital, sondern analog zu erfolgen hatte, irritierte viele Studierende zunächst. Ein Ziel dahinter ist, für eine Entschleunigung und Fokussierung in den Denk- wie Deutungsprozessen zu sorgen. Das Schreiben mit dem Stift auf einer begrenzten Zahl von Papierseiten erfordert es, Gedanken zu schärfen – und dies oft mitten im Schreibprozess. Es besteht nicht die Möglichkeit, das Geschriebene wieder zu löschen, sondern es hat ganz im Gegenteil Bestand. Die Worte müssen stärker mit Bedacht gewählt werden, um den eigenen Überlegungen Ausdruck zu verleihen, was insbesondere vor dem Hintergrund der später erfolgenden Abgabe der Tagebücher noch einmal an Relevanz gewinnt. Damit verbunden ergibt sich ein zweites Ziel, nämlich die Möglichkeit, Gedanken- und Deutungsprozesse zu rekapitulieren. Während das Schreiben am Computer oft nur fertige Ergebnisse produziert, die lediglich abgeschlossene Deutungsprozesse repräsentieren, hält das Schreiben auf Papier auch die verworfenen Ideen und Ansätze fest. Deutungen, die verworfen wurden, scheinen hinter dem tatsächlich eingeschlagenen Weg auf und geben Einblick in unterschiedliche Lesarten. Es entsteht eine Art Textur aus Wegmarken der Deutungsprozesse, die zu dem fertigen Ergebnis geführt haben.

Verständnistagebuch

Der Fragenkatalog ist zunächst einmal zweigeteilt, wobei sich der erste Bereich vor allem mit der Textbegegnung befasst:

Fragenkatalog

Lesen 1:   Lies den Text still!

Lesart

1. Notiere deine Eindrücke und die Wirkungen, die der Text auf dich entfaltet!
2. Notiere unklare Textstellen, Wörter, Textbilder etc.!
3. Notiere, wer etwas tut! (Subjekte – wer handelt?)

Bilder – Text und Assoziation

4. Notiere, wie du dir das Beschriebene im Kopf vorstellst! Was siehst du innerlich beim Lesen? (Assoziationsbilder)
5. Grenze auf der Textebene solche Wortgruppen voneinander ab, die ein eigenständiges Bild ergeben! (Textbilder)
6. Beschreiben die Textbilder unterschiedliche Formen von Weltsicht? (fiktives tatsächliches Geschehen vs. Traum, Wunsch, Vision, innere Stimmung…)
7. In welcher Beziehung stehen die Textbilder zueinander bzw. wie sind sie strukturiert? (zeitlich linearer Ablauf, Bild im Bild mit Zoom, zeitlich unstrukturiert…)
8. Vergleiche die Textbilder und deine Assoziationsbilder miteinander! Wo gehen deine Vorstellungen über das im Text Beschriebene hinaus? Welche Leerstellen des Textes füllst du also selbst aus?

Geschehen – Handlungen, Handelnde, Bewegungen

9. Jedes Gedicht lässt sich als Aussage eines lyrischen Subjekts verstehen. Notiere, welche Position das lyrische Subjekt zum Geschehen einnimmt! (involviert, distanziert)
10. Gibt es Handlungen im Gedicht oder geht es eher um eine Momentaufnahme? Was geschieht hier?
11. Wer handelt oder wem geschieht etwas?
12. Gibt es Interaktionen zwischen verschiedenen Handelnden? Welche Rolle spielt das lyrische Subjekt in diesem Zusammenhang?
13. Was tun die einzelnen Handlungsträger?
14. Äußern die Handlungsträger etwas oder geben sie nonverbale Laute von sich?

Textstrukturen

15. Wo beginnen und wo enden deine Textbilder jeweils? (Vers, Strophe oder darüber hinaus-
gehend…)

16. Sind die Grenzen der Textbilder irgendwie markiert? (Umbruch, Satzzeichen…)

17. Stimmen die Grenzen der Textbilder mit den Grenzen deiner Assoziationsbilder überein?

18. Gibt es Wörter oder Wortgruppen, die nicht leicht zugänglich sind, weil sie dir in dieser
Form fremd erscheinen? (Wortneuschöpfungen, umgestellte Satzreihenfolgen…)
Falls ja: Welche Wirkungen oder Assoziationen entfalten diese Auffälligkeiten?

Stimmungen

19. Was empfindest du beim Lesen des Gedichts?

20. Wie würdest du die Grundstimmung des Gedichts beschreiben?

21. Verbindest du mit deinen verschiedenen Assoziationsbildern unterschiedliche Stimmungen?

22. Suche nach Emotionswörtern oder indirekten Emotionsbeschreibungen! (bspw. Liebe/
Angst oder „sie strahlte ihn an")

23. Passen die Emotionswörter/-beschreibungen zu den Stimmungen, die du empfindest?

Zwischenfazit

Nach diesen ersten Untersuchungen – was denkst du, worum es in dem Text geht?
Hat sich deine Lesart des Textes verändert?

Alles beginnt mit einem stillen Lesen. Damit knüpft der Katalog an die heute übliche Art des Lesens an, dem hier das Aufschreiben einer ersten Lesart folgt. Neben den Wirkungen und Unklarheiten, die nach dem ersten Lesen wichtig sind, spielt vor allem die Aufforderung, die Subjekte des Satzes zu notieren, eine wichtige Rolle. Viele Deutungen scheitern bereits daran, dass die Frage, wer oder was eigentlich aus syntaktischer Perspektive Subjekt des Satzes ist, falsch beantwortet wird. August Stramms Kriegsgedicht *Wache* beginnt bspw. mit dem Vers: „Das Turmkreuz schrickt ein Stern". Unter der Voraussetzung, dass „schrickt" eine Form von ‚erschrecken' ist, kommen Studierende in den Seminaren immer wieder zu dem Ergebnis, dass das Turmkreuz den Stern erschrecke. Die Handlungsrichtung ist aber genau umgekehrt: Der Stern erschreckt das Turmkreuz. Wäre es nicht so, müsste es ‚einen Stern' heißen, denn das Akkusativobjekt wird vom Subjekt des Satzes erschreckt. Da ‚ein Stern' den Nominativ abbildet, ist der Stern das Satzglied, das die Verbhandlung vollzieht.

Anschließend folgt ein erster Blick auf die Bildlichkeit. Hier wird zwischen Textbildern und Assoziationsbildern unterschieden. Als ‚Textbild' werden diejenigen sprachlichen Elemente im Text bezeichnet, die sich inhaltlich als eigenständiges Bild von anderen sprachlichen Elementen abgrenzen lassen. ‚Assoziationsbild' beschreibt hingegen die innere Vergegenwärtigung oder Vorstellung dieser Textbilder. Es geht also darum, die textliche Vorgabe und die innere Vorstellung miteinander zu vergleichen. Manche Studierende äußerten in diesem Zusammenhang den Eindruck, dass die Unterscheidung unnötig sei und die Frage nach der Beschreibung von Text- und Assoziationsbild dadurch zu Wiederholungen führe. Tatsächlich ist es aber so, dass Textbild und Assoziationsbild niemals vollkommen übereinstimmen. Der wörtliche Inhalt eines Textbildes ist für alle Menschen gleich. Der Inhalt des dazugehörigen Assoziationsbildes ist hingegen für jeden Menschen unterschiedlich. Dies liegt daran, dass Textbilder Leerstellen enthalten, die für die innere Vergegenwärtigung selbständig gefüllt werden müssen. Oftmals wird es in der eigenen Wahrnehmung keine große Diskrepanz zwischen Textbild und Vorstellung geben. Trotzdem ist es wichtig, sich diesen Unterschied bewusst zu machen, denn nur so kann reflektiert werden, welche Leerstellen wie und warum gefüllt werden.

Nach den sich anschließenden Fragen zum potenziellen Geschehen im Gedicht, die für eine etwaige Handlung in einem Hörstück wichtige Hinweise liefern, werden die Text- und Assoziationsbilder noch einmal nutzbar gemacht, um auf die Struktur des Gedichts zu verweisen. Dabei geht es um eine Untersuchung des sprachlichen Aufbaus, ohne die von vielen jungen Menschen abgelehnte Suche nach rhetorischen Mitteln zu forcieren. Die Betrachtung der Textstruktur soll sich organisch aus den eigenen Ausarbeitungen ergeben und mit diesen zusammenhängen. Es ist der Versuch, die Textanalyse an das Verstehen und die Wirkung zu koppeln.

Der Abschnitt zu Stimmungen greift erneut die ersten Wirkungsnotizen auf. Er soll denjenigen, die in der Selbstreflexion noch ungeübt sind, helfen, die eigene emotionale Verbindung zum Gedicht im Blick zu behalten. Je geübter die Interpret*innen sind, umso eher werden sie diese Fragen bereits während der vorhergehenden Textuntersuchungen parallel beantworten und so schneller zum Zwischenfazit voranschreiten, das die gewonnen Erkenntnisse zusammenfasst. Damit entspricht es einer ersten fundierten Deutung.

Die Fragen dieses Teils sind eng an den Fragenkatalog der TLU angelehnt und wurden für das Projekt noch einmal sprachlich überarbeitet, um das Verständnis insbesondere für potenzielle Teilnehmer*innen aus Kaiserslautern zu erleichtern. Der nachfolgende zweite Teil wurde hingegen völlig neu konzipiert. Er lenkt den Blick – oder das Ohr – auf die akustischen Elemente und möglichen Umsetzungen als Hörstück:

Lesen 2: Lies den Text an einem stillen Ort (ohne andere Menschen) laut und spiele mit der Art des Lesens! (lauter, leiser, rhythmisch, unterschiedliche Stimmungen, langsam, schnell, neutral…)

Akustik

24. Ist dir beim lauten Lesen etwas aufgefallen? (bestimmte Wörter betont, etwas liest sich komisch…)
25. Auf welche Art liest du das Gedicht am liebsten und warum?
26. Sind dir Möglichkeiten der Rhythmisierung aufgefallen? (Lässt sich der Text rappen, singen etc.?)
27. Gibt es Stellen, über die du beim lauten Lesen gestolpert bist?
28. Suche nach Wörtern oder Wortgruppen, die inhaltlich direkt („knallt auf") oder indirekt („blättert um") eine Akustik in sich tragen! (textinnere Akustik)
29. Gibt es Wörter oder Wortgruppen, die klanglich auffällig sind? (textäußere Akustik – Lautungen, Rhythmus, Pausen, Stille…)

Hörstück – Vorgaben

Jedes Hörstück wird zunächst durch eine neutrale, beinahe computerisierte Lesung des Gedichts eingeleitet. Daran schließt sich dann dein Hörstück an.

Du darfst Wortfetzen, Wörter oder Wortgruppen deines Gedichts in das Hörstück einbinden, aber du darfst das Gedicht nicht einfach nur rezitieren. Auch bleibt dein Hörstück in der Anlage lyrisch, es wird keine Erzählung.

Dein Hörstück muss mindestens eine markante Textstruktur in eine akustische Struktur umwandeln.

Hörstück – Elemente, Wirkungen, Struktur

Du verwandelst deine Lesart des Textes nun in Hörbilder. Was du innerlich siehst oder fühlst, muss für die Zuhörenden nachvollziehbar gemacht werden.

30. Überlege dir zunächst einmal, was dein Hörstück grundsätzlich inhaltlich vermitteln soll!
31. Überlege dir, welche Wirkungen dein Hörstück vermitteln soll!
32. Gibt es Inhalte und Wirkungen, die sich verbinden lassen?

33. Möchtest du den Fokus lieber auf Stimmungen oder auf Inhalte legen?
34. Welche Text- und Assoziationsbilder lassen sich möglicherweise leicht umwandeln?
35. Was wird besonders herausfordernd in der Umwandlung zu einem Hörbild?
36. Welche Wortfetzen, Wörter oder Wortgruppen möchtest du einbinden?
37. Welche Textstruktur(en) soll(en) umgewandelt werden?
38. Benötigst du Musik oder Gesang, Geräusche, Klänge?
39. Wie viele Stimmen benötigst du und wie sollen sie klingen?
40. Wie sollen Übergänge gestaltet werden? (Blenden, Schnitte, Musik)

Auch dieser Bereich beginnt mit einem Leseprozess, der allerdings dieses Mal laut und in unterschiedlichen Formen vollzogen werden soll. Dies kann dabei helfen, rhythmische Strukturen zu entdecken und neue Assoziationen zu wecken, die sich von denen der Textarbeit unterscheiden. Die dazugehörigen Fragen reflektieren zunächst das laute Lesen. Hier geht es um die bevorzugte Art des Lesens, um Rhythmen oder Auffälligkeiten in der Metrik (ohne diese als solche zu benennen). Daran anschließend wird die im Text eingebettete inhaltliche Akustik untersucht. Sie umfasst die direkte und indirekte Lautlichkeit, wobei erstere Wörter oder Wortgruppen meint, die eine Akustik beinhalten (knallen), und letztere solche Beschreibungen fokussiert, denen eine Akustik innewohnt, ohne dass diese expliziert wird (umblättern). Diese Fragen leiten bereits zur Entwicklung des Hörstücks über, denn die akustischen Elemente werden sehr häufig für die Umsetzung relevant sein. Was aber tatsächlich aus den bisherigen Deutungen und Analysen übernommen wird und wie das Stück klingen soll, spielt erst im letzten Abschnitt eine Rolle. Die dazugehörigen Fragen richten sich konkret auf den anstehenden Produktionsprozess und die Skriptentwicklung. Dabei rückt erneut die Akustik der Assoziations- und Textbilder in den Mittelpunkt, die im vorherigen Teil thematisiert wurde.

Insgesamt bewerteten die Studierenden den Fragenkatalog als hilfreiche Struktur, die mal mehr und mal weniger stark in den Arbeitsprozess eingebunden wurde. Vor allem die Abschnitte zum Geschehen und zur Akustik wurden hervorgehoben. Dort, wo manche die Fragen aufgrund der Textstruktur als nicht beantwortbar einstuften, generierten diese aus genau diesem Grund eine Erkenntnis über das Gedicht, nämlich einen fließenden Übergang zwischen den Bildern, die sich deshalb nicht klar abgrenzen ließen. Insgesamt wird beim Durchblättern der Verständnistagebücher deutlich, dass nicht immer jede Frage in der vorgeschlagenen Reihenfolge oder der Katalog in seiner Gesamtheit bearbeitet wurde. Doch auch dort, wo Interpretationen losgelöst davon entstanden, korrespondieren sie mit Aspekten der Deutungshilfe. Ferner ist es interessant zu sehen, dass die Beschäftigung mit Lyrik in dieser Form immer wieder zum Zeichnen oder Erstellen von Kollagen anregt. Es wurden eigene Fragen an die zuvor festgehaltenen Überlegungen gestellt, es wurde gedeutet, verworfen, durchgestrichen und neu ausgelegt. Die Tagebücher machen den Verstehensprozess transparenter und helfen bei der späteren Verschriftlichung der ursprünglichen Gedankengänge, zu eben diesen zurückzukehren und wiederzufinden, was im Arbeitsverlauf bereits vergessen schien.

Lyrik im Zusammenspiel mit kreativen Bearbeitungsformen zu untersuchen, heißt, sich auf Ergebnisse einlassen zu müssen, die anders sind und oftmals weit ab von den üblichen Deutungen zu liegen scheinen. Da wird aus der erotischen Begegnung eine Depression des lyrischen Ichs oder aus einem abendlichen Spaziergang ein Kriegserlebnis. Heißt das nun, dass diese Art des Umgangs mit lyrischen Texten keinen Mehrwert bietet? – Natürlich nicht! Ganz im Gegenteil entstehen hier Deutungen, die den Blick auf tradierte literarische Texte erneuern können. Die nachfolgend vorgestellten Hörstücke verleiben sich die Gedichte Stramms auf ihre ganz eigene Art ein. Vor allem aber sind sie verknüpft mit der Gegenwart der Deutenden. Diese binden ihre literarischen und lebensweltlichen Erfahrungen ein, um einen Zugang zu komplexen Texten zu finden. Dass diese Zugänge anders klingen als die etablierten Auslegungen, ist nicht zu verurteilen, sondern ein Ergebnis, das die alltäglichen Leseprozesse jenseits akademischer und schulischer Praxis spiegelt. Ja,

Ergebnisse

es waren keine ungeübten Interpret*innen, die hier ans Werk gingen, aber auch sie waren leider zu einem Großteil von der Schulzeit negativ geprägt.

Die Umwandlung in akustische Stücke ist jedoch nicht nur unter dem Aspekt der subjektiven Aneignung zu betrachten, sondern sie ergibt in der Summe wie im Detail Auslegungen, die mit der Fachliteratur konform sind. So zeigen sich in den Stücken und zugehörigen Erläuterungen die großen Linien der Strammschen Dichtung: Kampf, innere Zerrissenheit, die Wechselhaftigkeit und Widersprüchlichkeit der Emotionen, ein starker Ich-Du-Dualismus, eine immer wieder betonte Sehnsucht oder Begierde nach dem scheinbar unerreichbaren Du sowie die Harmonie des kosmischen Ganzen werden herausgearbeitet. Die Stücke handeln im Großen wie im Kleinen von dem Auf und Ab der Beziehung(slosigkeit) zwischen dem lyrischen Ich und seinem Gegenüber, dem lyrischen Du. Damit nehmen sie den Liebeslyrikzyklus in seiner Anlage auf und aktualisieren ihn für die Gegenwart. Wenn dies das Ergebnis eines vermeintlich zu spielerischen, zu wenig analytisch geordneten Umgangs mit Gedichten ist, lässt sich damit eigentlich ganz gut leben.

Liebeskampf

Das Wollen steht
Du fliehst und fliehst
Nicht halten
Suchen nicht
Ich
Will
Dich
Nicht!
Das Wollen steht
Und reißt die Wände nieder
Das Wollen steht
Und ebbt die Ströme ab
Das Wollen steht
Und schrumpft die Meilen in sich
Das Wollen steht
Und keucht und keucht
Und keucht
Vor dir!
Vor dir
Und hassen
Vor dir
Und wehren
Vor dir
Und beugen sich
Und
Sinken
Treten
Streicheln
Fluchen
Segnen
Um und um
Die runde runde hetze Welt!
Das Wollen steht!
Geschehn geschieht!
Im gleichen Krampfe
Pressen unsre Hände
Und unsre Tränen
Wellen
Auf
Den gleichen Strom!
Das Wollen steht!
Nicht Du!
Nicht Dich!
Das Wollen steht!
Nicht
Ich!

August Stramm

fLiebeskampf

von Jana Kohler

Ab sofort lese ich Gedichte nicht, ich höre sie.

> Wiederbeleben der Li[…]
Tod ist unausweic[…]
↳ EKG Herzstillstand

Bedrückte Grundstimm[…]
Aber auch erhitzt we[…]
Kein Aufgeben (zu B[…]
Kampfgeist bleibt [...]

Emotionsbeschreibung[…]
> hassen
> fliehen
> Ströme

aber

h

Streit

inn)

alten

Momentaufnahme des Inneren der Person

↳ Aber Gefühlslage, die schon über längeren Zeitraum besteht

Zwischenfazit:

→ bedrückte, aber erregte Stimmung

→ Anziehung besteht weiterhin

→ Nicht bereit den Liebeskampf aufzugeben

→ „Emotionaler" Kampf

→ Keine reale & tatsächliche Gewalt

→ Innere Zerissenheit & Kämpfe

Liebeskampf

von Jana Kohler nach August Stramm

Ich durfte mich in diesem Projekt mit dem Gedicht *Liebeskampf* von August Stramm auseinandersetzen. Nach dem ersten Lesen hatte ich große Probleme, einen Zugang zu dem Gedicht zu finden und zu verstehen, von was es genau handelt. Ich musste es öfter und in kleineren Abschnitten lesen, um ein besseres Verständnis zu erlangen. Die Verführung, im Internet nach möglichen Interpretationsansätzen zu suchen, war groß. Doch es war mir in diesem Projekt wichtig, genau zu überlegen, was ich mir unter dem Gedicht vorstelle, wie es auf mich wirkt und welche Assoziationen es in mir hervorruft. Also las ich das Gedicht öfter und konzentrierte mich auf einzelne Abschnitte des Gedichts. Dieser Weg hat mir sehr dabei geholfen, einen Zugang zu finden. Nach mehrmaligem Lesen entwickelte ich Bilder und ganze Szenen zu den Abschnitten, die sich von nun an wie ein Film in meinem Kopf abspielten, sobald ich das Gedicht aufschlug. Durch dieses Abspielen hat sich mein Leseprozess verbessert und es hat dabei geholfen, mir über mögliche Vertonungen Gedanken zu machen.

Sprich deutlich!

Im ersten Moment wirkte der Fragenkatalog auf mich sehr erschlagend. Es waren viele Fragen, in vielen verschiedenen Bereichen verteilt, und ich war sehr darauf fokussiert, auf alles eine passende Antwort zu finden. Im Laufe des Prozesses löste ich mich von dem Katalog und konzentrierte mich mehr auf die Gefühle, Vorstellungen und Bilder, welche in meinem Kopf zu dem Gedicht entstanden. Dadurch habe ich viele Fragen nicht vollständig beantwortet. Ich hatte aber nicht das Gefühl, dass ich die Fragen beantworten muss, um das Gedicht richtig zu verstehen, beziehungsweise um eine für mich schlüssige Interpretation zu finden. Trotzdem war ich dankbar, durch den Katalog ein Grundgerüst an der Hand zu haben. Gerade die Fragen zu den Handlungen und Stimmungen haben mir geholfen, meine Gefühle zu dem Gedicht in passende Worte zu fassen.

Fragen über Fragen...

Während des Lesens entwickelte ich das Bild eines Streites in einer Beziehung. Doch es ist für mich kein ‚gewöhnlicher‘ Streit, sondern einer, der über die Zukunft der Beziehung entscheidet. Es geht um Leben und Tod, weshalb von einem wahrhaftigen Kampf ausgegangen werden kann. Für mich werden im Gedicht vor allem die Verzweiflung und Zerrissenheit deutlich. Die zwei Liebenden, oder nicht mehr liebenden, stehen auf der Schwelle zwischen Liebe und Hass sowie zwischen Zuneigung und Abneigung. Das Ausgehen des Streites entscheidet über die ganze Beziehung und ob man weiterkämpft oder den einfacheren Weg der Trennung wählt.

Einen großen Teil meiner Überlegung hat auch das „Wollen" eingenommen. In der Entwicklung einer Deutung habe ich es immer mehr als starke Kraft gesehen, welche für einen Zusammenhalt sorgt. „Das Wollen steht" und ist größer und mächtiger als die Personen in der Beziehung. Das Wollen ist in meiner Vorstellung nichts Leichtes und Weiches, sondern etwas Gewaltvolles, das die Beziehung am Leben hält. Das Ende des Gedichtes habe ich als Versöhnung der Charaktere interpretiert. Für mich hat sich jedoch das Bild entwickelt, dass es keine Versöhnung aus wahrer Liebe und Hoffnung ist. Es wirkt verzweifelt. Die Charaktere halten ihre Beziehung am Leben, weil sie nicht bereit sind, über ihren Schatten zu springen und die Beziehung gehen zu lassen. Ich denke nicht, dass hier eine erstrebenswerte Beziehung dargestellt wird, die durch die Kraft der Liebe allein funktioniert. Sie sind in einer Beziehung gefangen, die sich nach einem Kampf anfühlt, in der Liebe und Ärger ständig nah beieinander sind und bei der am Ende nichts mehr bleibt außer gemeinsamem, synchronisiertem Weinen. Der Liebeskampf wird nur vertagt. Er ist nicht gewonnen.

Mein Ziel war es, bei den Hörer*innen ebenfalls das Bild des verzweifelten und endlosen Kampfes in der Beziehung entstehen zu lassen. Deswegen habe ich mich dazu entschieden, rotierend Streitgespräche, Liebesbekundungen sowie Entschuldigungstiraden zu vertonen, um die Zerrissenheit und Unsicherheit der Beteiligten darzustellen. Durch viele laute Ausrufe wollte ich das Gewaltvolle und Mächtige der Situation verdeutlichen. Für mich sollte nicht die Trauer, sondern die Verzweiflung und damit einhergehende Wut im Vordergrund stehen. Gene-

...und Antworten

Der Klang von Liebeskampf

rell habe ich sehr viel von dem Gedicht wörtlich in mein Hörstück übernommen und dies um Aspekte ergänzt, die die Stimmung des Gedichtes verdeutlichen und somit meine Interpretation untermalen sollten. Ich habe das Gedicht größtenteils bestehen lassen, da mir dies ein sicheres Gerüst geboten hat. Ich kann mir vorstellen, dass ich mit mehr Erfahrung, mehr Strophen vertonen würde.

Textstruktur	Akustische Struktur	Funktion
Das Wollen steht	laufende Schritte, die zum Stehen kommen	Symbolisiert das Ankommen des Wollens.
Du fliehst und fliehst	schweres Schnauben	Anstrengung vom Fliehen
Suchen nicht Ich Will Dich	Schnauben und schweres Atmen werden lauter, sie rücken in den Vordergrund | Stimme rückt in den Hintergrund	Erschöpfung
Nicht!	laut geschrienes und langgezogenes „Nicht"	Bruch zum Vorherigen herstellen
Das Wollen steht Und reißt die Wände nieder	Verse leise gesprochen | zwischen den Versen Explosion und Zusammensturz	Symbolisiert den Zusammensturz.
Das Wollen steht Und ebbt die Ströme ab	Erster Vers wird leise gesprochen. | Ein stürmisches Meer wird leiser, ruhiger. | dann leise zweiter Vers	Ströme, die abebben
Das Wollen steht Und schrumpft die Meilen in sich	Das Wort „Meilen" wird wiederholt und dabei immer leiser.	‚Schrumpfen' wird dadurch dargestellt, dass es leiser wird.
Und keucht und keucht Und keucht	schweres Keuchen, schweres Atmen, langsam gesprochen mit Pausen	Stellt Erschöpfung dar.

Textstruktur	Akustische Struktur	Funktion
	EKG-Ton mit Herzstillstand im Hintergrund Wiederbelebung funktioniert	Stillstand und vermeintliches Ende der Beziehung mit anschließender geglückter Wiederbelebung.
Vor dir! Vor dir	erstes „Vor dir!" geschrien zweites „vor dir" leiser und erschöpft	Stellt Resignation dar.
Und hassen	Streitgespräch: „Ich hasse dich, du machst alles falsch!"	
Vor dir	leise gesprochen	
Und wehren	Person die sich wehrt: „Ich kann nichts dafür, ich bin nicht an allem schuld!"	
Vor dir	leise gesprochen	
Und beugen sich	rechtfertigen und dennoch entschuldigen („Ich weiß, dass ich alles falsch mache, ich werde mich bessern.")	
Und	normal gesprochen mit Echo	
Sinken Treten	lauter Schrei und laut geschrien: „Geh weg"	„Treten" im Sinne von: jemanden von sich wegdrängen
Streicheln	liebevoll: „Es tut mir leid."	
Fluchen	laut geschrien: „Ich hasse dich!"	

Textstruktur	Akustische Struktur	Funktion
Segnen	liebevoll: „Ich liebe dich."	
Um und Um Die runde runde hetze Welt!	in unterschiedlichen Sprachen: „Ich liebe dich."	
Das Wollen steht! Geschehen geschieht! Im gleichen Krampfe Pressen unsre Hände Und unsre Tränen Wellen Auf Den gleichen Strom!	Zwei unterschiedliche Geräusche des Weinens finden zusammen in Synchronisation.	Verzweiflung der Partner | dennoch finden beide zusammen (und trotzdem bleibt die Trauer)
Das Wollen steht! Nicht Du! Nicht Dich! Das Wollen steht Nicht Ich!	neutral gesprochen	Soll ein langsames und ruhiges Ende erzeugen.

Der germanistische Blick

Die Fachliteratur geht im Zusammenhang mit *Liebeskampf* vor allem auf die strukturierende Wirkung des Wollens ein. Es wird als dominierendes Gefühl im lyrischen Ich beschrieben oder als eine Intention, die schließlich von Ich und Du geteilt werde, aber nicht ausschließlich positiv konnotiert sei. Das Gedicht zeige eine ernüchternde, pessimistische Sicht auf Liebe und Erfüllung.

Auch im Hörstück klingen diese Sichtweisen an. Jana Kohler inszeniert einen Kampf zwischen Verzweiflung und Zerrissenheit, in dem das Wollen für einen starken Zusammenhalt sorgt und so zwei Menschen aneinanderbindet, die möglicherweise besser getrennte Wege gingen.

Der kleine Wissenshappen Nr. 1

Der Expressionismus ist eine Strömung der literarischen Moderne und existiert neben anderen, parallel verlaufenden Strömungen wie dem späten Naturalismus, dem Symbolismus, dem Ästhetizismus, dem Dadaismus oder der frühen Neuen Sachlichkeit. Die Zeitspanne, in der expressionistische Texte entstanden, wird von den Expressionisten selbst sogar auf zehn Jahre, das sogenannte expressionistische Jahrzehnt, reduziert. August Stramm nimmt in dieser Strömung durch seinen Stil eine besondere Rolle ein, da er Wörter als Material nutzte. So, wie Bildhauer den Stein bearbeiten, bearbeitete er die Wörter, um den Kern des Ausdrucks zu finden und ihn mit anderen Wortelementen neu zu kombinieren. Überlegungen aus einem Brief an seinen Verleger zum Gedicht *Freudenhaus* vom 11. Juni 1914 illustrieren dies:

> Anbei schicke ich Dir die Korrektur. Es sind einige Kleinigkeiten drin. Besonders erwähnenswert erscheint mir die vorletzte Zeile [sic] in der das Wort „schamzerpört" zu „schamzerstört" geworden ist. Ich weiß nicht, ob da nur ein Lesefehler oder eine Regung des Sprachgefühls des Druckers vorliegt. Jedenfalls sagt mir schamzerpört mehr als das andere. Scham und Empörung ringen miteinander und die Scham zerdrückt. Auch „schamempört" sagt das lange nicht; außerdem liegt das Wesen des Wortes „empören" meinem Gefühl nach nicht in dem „em", das höchstens für die Wortlehre als Erklärung Bedeutung hat, für das Gefühl liegt der Begriff des Empörens aber lediglich in dem „pören" oder vielmehr einfach vollständig in der einen Lautverbindung „pö". Laß übrigens die beiden Striche drüber fort und der ganze Begriff stürzt zusammen! Deshalb halte ich schamzerpört hier für das einzige allessagende Wort. Ich trau dem Drucker nicht, der denkt!

Verabredung

Der Torweg fängt mit streifen Bändern ein
Mein Stock schilt
Klirr
Den frechgespreizten Prellstein.
Das Kichern
Schrickt
Durch Dunkel
Trügeneckend
In
Warmes Beben
Stolpern
Hastig
Die Gedanken.
Ein schwarzer Kuß
Stiehlt scheu zum Tor hinaus
Flirr
Der Laternenschein
Hellt
Nach
Ihm
In die Gasse.

August Stramm

gVerabredu
abredungVe
ungVerabre

von Marc Gunkel

Meine Erfahrung in der Hörspielproduktion hat mir gezeigt, wie aufregend es ist, Gedichte akustisch zum Leben zu erwecken.

iche Geräusche
„Wonnes Belen"

...ämmerung, unklare
) Situation
. Intensität der lyrischen

...n : sorgen für lebhafte
Szenerie
...che, Musik

...ng v. ungewöhnlichen
...nvolle Atmosphäre

. / Musik
akustische Formen übersetzen

Sie sind eng miteinander ver-
...n durch Inhalte erzeugt u.
...ich verwende ich für die
...d die Szene lehne ich
...ichts ganze inhaltliche

Nr. 54

Klangwörter wie: „Klirr, Flirr"

Visuelle Bilder: „Torweg"

   „Laternenschein hellt nach ihm in die Gasse"

Emotionale Zustände: Spannung, Geheimnis, Unruhe
   durch Musik Töne
   → Wahl der Stimmlage

„Stolpern hastig die Gedanken": die Gedanken des
lyrischen Subjekts formulieren „Gedanken" neu zusammen-
einzelne Worte wiederholen   setzen

Nr. 35

sprachliche Komplexität, metaphorische Sprache
unbekannte Wörter
Visuelle Elemente durch akustische Mittel zu ersetzen
Erhaltung d. spezifischen Rhythmik u. Struktur des Gedichts.
Umsetzung d. emotionalen Tiefe, interpretative Offenheit
Die besten Stellen welchen um das Gedicht mit Musik, Geräuschen
und Klängen zu untermalen

Verabredung

von Marc Gunkel nach August Stramm

Als ich August Stramms Gedicht zum ersten Mal las, fühlte ich mich gleichermaßen fasziniert und überfordert. Die ungewöhnliche Sprache und die fragmentierten Verse machten es mir schwer, sofort eine klare Bedeutung der Wörter und Wortgruppen zu erkennen. Stramms Gedicht gehört zur Epoche des Expressionismus, einer Zeit, in der Dichter und Schriftsteller neue, oft radikale Wege suchten, um Gefühle und Eindrücke auszudrücken. Der experimentelle Einsatz von Neologismen und die zerbrochene Struktur der Verse forderten mich heraus, den Text häufiger zu lesen und über herkömmliche Lesegewohnheiten hinauszugehen. Ich bemerkte schnell, dass dieses Gedicht nicht einfach zu verstehen ist. Es erfordert wiederholtes Lesen, um die Bilder und Emotionen, die Stramm erzeugt, wirklich zu erfassen. Doch gerade diese Herausforderung machte das Gedicht für mich umso spannender. Jedes neue Lesen und die Auseinandersetzung mit den Assoziationsbildern brachte mir neue Einsichten und half mir, die tiefere Bedeutung der Worte zu entdecken.

In diesem Essay möchte ich die Herausforderungen, Unzugänglichkeiten und die Umsetzung in ein Hörstück beleuchten, die mich beim Lesen des Gedichts begleitet haben. Dabei werde ich auch meine bevorzugte Methode des Lesens erklären, die mir half, die komplexen Strukturen und Emotionen des Gedichts besser zu verstehen. Ein weiterer Schwerpunkt wird darauf liegen, wie das Gedicht in ein akustisches Erlebnis umgesetzt werden kann. Ich werde erläutern, welche Rolle die akustischen Elemente spielen und wie sie die Interpretation des Gedichts beeinflussen. Ich bemerkte schnell, dass die Verbindung von Sprache und Klang neue Möglichkeiten des Verständnisses eröffnen, die das Gedicht lebendig und unmittelbar erfahrbar machen.

Beim ersten Lesen des Gedichts von August Stramm begegnet man mehreren Verständnisproblemen. Die ungewöhnlichen Wortkombinati-

Sprich deutlich!

onen und Neologismen wie „Trügeneckend", die Metapher „schwarzer Kuss" oder die onomatopoetischen Ausdrücke „Flirr" und „Klirr" sind nicht sofort verständlich. Sie erfordern eine tiefergehende Auseinandersetzung. Diese sprachliche Innovation, typisch für den Expressionismus, stellt hohe Anforderungen an die Interpretationsbereitschaft des Lesers. Die syntaktischen Brüche, fragmentierte Darstellung der Szenen sowie Gefühle machen es schwierig, eine kohärente Bedeutung zu erfassen und lassen Raum für vielschichtige Interpretationen. Das Gedicht laut zu lesen, vorzugsweise in einem ruhigen Umfeld, bietet die Möglichkeit, den Klang und Rhythmus der Worte zu erfassen. Der Ausdruck der Emotionen und die Bildhaftigkeit der Sprache kommen durch das laute Lesen besser zur Geltung. Zudem erlaubt es, die akustischen Strukturen und die musikalischen Qualitäten des Gedichts wahrzunehmen. Obwohl Musik oder Gesang nicht unbedingt notwendig sind, können sie die emotionale Atmosphäre des Gedichts verstärken. Geräusche und Klänge, die im Gedicht beschrieben werden, wie das ‚Klirren', „Flirr" oder das „Kichern" helfen, die Stimmung und die Assoziationsbilder des Gedichts besser zu vermitteln.

Als Erstes stellte sich mir die Frage, auf welche Art ich das Gedicht am liebsten lese. Beim lauten Lesen fiel mir auf, dass bestimmte Wörter eine besondere Betonung verlangen, während andere Passagen sich etwas holprig lesen lassen. Am liebsten lese ich das Gedicht laut, da sich so der rhythmische Fluss und die klanglichen Nuancen am besten entfalten. Dabei bemerkte ich auch verschiedene Möglichkeiten der Rhythmisierung, die den Text teilweise wie ein Lied oder sogar als einen Rap erscheinen lassen. Einige Stellen waren beim lauten Lesen besonders herausfordernd, da sie einen ungewöhnlichen Sprachrhythmus aufwiesen und mich stolpern ließen. Dies geschah bei den Worten „Flirr", „Klirr" und „frechgespreizten Prellstein". Bei der Analyse suchte ich nach Wörtern oder Wortgruppen, die inhaltlich direkt und prägnant waren, um ihre Bedeutung und Wirkung im Kontext des gesamten Gedichts besser zu verstehen. Während der Arbeit habe ich festgestellt, dass die akustischen Elemente das Gedicht nicht nur verstärken, sondern auch neue Interpretationsmöglichkeiten eröffnen. Die verschiedenen Stimmen und Klänge ermöglichen es, die Vielschichtigkeit

Fragen über Fragen...

der Emotionen und Eindrücke des lyrischen Subjekts akustisch darzustellen. Besonders das Klirren und das Kichern erzeugen eine spürbare Spannung, die die visuelle Vorstellungskraft des Hörers anregt und die nächtliche, geheimnisvolle Atmosphäre des Gedichts intensiviert.

Das Gedicht handelt von einem nächtlichen Erlebnis, das durch eine Mischung aus Spannung, Unruhe und geheimnisvoller Atmosphäre geprägt ist. Das lyrische Subjekt bewegt sich in der frühen Abenddämmerung durch eine Gasse, wobei verschiedene Sinneseindrücke und Emotionen auf es einwirken. Die Szene ist voller widersprüchlicher Gefühle wie Angst, Aufregung und vielleicht sogar einen Hauch von Erotik, dargestellt durch den ‚schwarzen Kuß'. Meine Deutung des Gedichts betont die innere Zerrissenheit und die intensive emotionale Erfahrung des lyrischen Subjekts. Es geht um das Erleben und Verarbeiten von Eindrücken, die sowohl real als auch symbolisch aufgeladen sind. Die Dunkelheit und die unbekannten Geräusche verstärken die Unsicherheit und das Erschrecken, während die Lichtmomente der Laterne die Hoffnung oder Klarheit symbolisieren könnten.

Die Umsetzung des Gedichts ins Hörstück erfordert eine sorgfältige Auswahl und Übertragung der akustischen Elemente, um die emotionale und atmosphärische Wirkung zu verstärken. Die einleitende Zeile, „Der Torweg fängt mit streifen Bändern ein", soll durch eine ruhige, geordnete Atmosphäre vertont werden und in die Szene einführen. Zudem hört man die Schritte des lyrischen Subjekts das gesamte Stück über. Zu Beginn sind diese Schritte deutlicher zu hören, werden gegen Ende jedoch leiser. Dazu wird der Anfang von ruhiger Musik begleitet. Das scharfe Klopfen eines Stocks an den Prellstein in „Mein Stock schilt" erregt Aufmerksamkeit und belebt die Szene, indem es eine plötzliche, klare Akustik erzeugt.

Das „Klirr" wird durch den Klang von einem scharf klingenden Metallgegenstand akustisch umgesetzt, was eine plötzliche, unerwartete Störung vermittelt und Spannung wie Unruhe erzeugt. Das leise Kichern und gedämpftes Rauschen bewirken eine beunruhigende, nervöse Atmosphäre und unterstreichen das Erschrecken des lyrischen Subjekts. „Durch Dunkel / Trügeneckend" wird tief und düster gesprochen um

...und Antworten

Der Klang von
Verabredung

die Stimmung angespannter werden zu lassen. Sanfte, tiefe, orchestrale Töne in Verbindung mit dem Herzschlag, „In / Warmes Beben", vermitteln ein Gefühl von innerer Wärme und Bewegung, wodurch eine intime Atmosphäre geschaffen wird. Die hastigen Schritte, der Herzschlag und „Stolpern / Hastig / Die Gedanken" verdeutlichen die Hektik und Unruhe der Gedanken, was das Gefühl von Eile und Nervosität verstärkt. Hinzu ergänzte ich meiner Meinung nach sinnige Wörter, welche dem lyrischen Subjekt durch den Kopf ‚stolpern' könnten. Leises, nächtliches Hintergrundrauschen und ein geflüstertes „Kuß" in „Ein schwarzer Kuß / Stiehlt scheu zum Tor hinaus" schaffen eine düstere, geheimnisvolle Stimmung und vermitteln Vorsicht und Heimlichkeit. Flirrendes, leises Flackern einer Laterne mit musikalischer Untermalung und sanftes Aufhellen des Klangs in „Flirr / Der Laternenschein / Hellt / Nach / Ihm / In die Gasse" erzeugen ein visuelles und akustisches Bild von Lichtbewegung, bringen Klarheit in die Szene und schaffen ein Gefühl des Nachspürens. Mit den immer leiser werdenden Schritten in der Ferne findet das Hörstück sein Ende.

Die Arbeit an August Stramms Gedicht *Verabredung* und die Umsetzung in ein Hörstück haben mir großen Spaß gemacht und waren äußerst bereichernd. Die akustischen Elemente sind sorgfältig gewählt, um die emotionale und atmosphärische Wirkung des Gedichts zu unterstützen. Geräusche wie das Klirren oder das Kichern erzeugen Spannung und verstärken die visuelle Vorstellungskraft des Hörers. Die zwei Stimmen und verschiedenen Klänge ermöglichen es, die Vielschichtigkeit der Emotionen und Eindrücke des lyrischen Subjekts akustisch darzustellen. Durch die akustische Umsetzung des Gedichts eröffnen sich neue Dimensionen des Erlebens und Verstehens. Die Verbindung von Sprache und Klang macht die sprachliche und emotionale Intensität des Textes unmittelbar erfahrbar und verleiht den Worten eine zusätzliche Tiefe. Der experimentelle Einsatz von Geräuschen und der Musik lässt die Bilder und Emotionen aus Stramms Gedicht lebendig werden und schafft eine immersive Hörerfahrung. Zusammenfassend lässt sich sagen, dass die akustischen Elemente nicht nur die Atmosphäre des Gedichts verstärken, sondern auch seine geheimnisvolle Grundstimmung erlebbar machen. Die Geräusche und Klänge tragen dazu bei, die Nuancen der Gefühle und Stimmungen, die Stramm vermittelt, zu erfassen und besser zu vertiefen. Die Umsetzung des Gedichts als Hörstück hat mir gezeigt, wie eindrucksvoll Sprache und Klang zusammenwirken können, um eine poetische Vision zu realisieren. Diese Erfahrung hat mein Verständnis für die Möglichkeiten der Lyrik erweitert und mir neue Wege eröffnet, Gedichte nicht nur zu lesen, sondern auch zu hören und zu fühlen. Die Beschäftigung mit Stramms Gedicht war eine faszinierende Reise durch die Welt des Expressionismus und ein inspirierendes Beispiel dafür, wie Gedichte durch innovative sprachliche und akustische Mittel zu einem intensiven Erlebnis werden.

Textstruktur	Akustische Struktur	Funktion
Der Torweg fängt mit streifen Bändern ein	leises Rascheln oder Flattern von Stoffbändern im Wind ruhige Musik unterlegt, Schritte des lyrischen Ichs	Schaffung einer ruhigen, geordneten Atmosphäre, Einführung in die Szene
Mein Stock schilt	Klopfen eines Stocks auf einen metallischen oder hölzernen Gegenstand	erregt Aufmerksamkeit, belebt die Szene, erzeugt plötzliche, klare Akustik
Klirr	Klang von zerbrechendem Glas oder einem scharf klingenden Metallgegenstand	vermittelt eine plötzliche, unerwartete Störung, erzeugt Spannung, Unruhe
Das Kichern Schrickt Durch Dunkel Trügeneckend	leises, schelmisches Kichern, schreckhaftes Geräusch, abruptes Stoppen, gefolgt von gedämpftem Rauschen oder Flüstern Nutzung von Schallakustik für das Kichern, Positionierung von Schallquellen (wo steht die Figur / woher kommt das Geräusch)	erzeugt eine beunruhigende, nervöse Atmosphäre, unterstreicht das Erschrecken des lyrischen Subjekts

Textstruktur	Akustische Struktur	Funktion
In Warmes Beben	sanfte, tiefe Töne wie ein leises Vibrieren oder ein pochender Herzschlag lauter werdende Töne (Orchester), Cello, Kontrabass	vermittelt ein Gefühl von innerer Wärme und Bewegung, schafft eine intime Atmosphäre
Stolpern Hastig Die Gedanken.	hastige Schritte, schnelles Atmen, leichtes Stolpern | ‚Gedanken' wiederholen durch Schallakustik | Gedanken des lyrischen Ichs ungeordnet wiedergeben, in Silben aufteilen, Wortbruch	verdeutlichten die Hektik und Unruhe der Gedanken, verstärkt das Gefühl von Eile und Nervosität
Ein schwarzer Kuß Stiehlt scheu zum Tor hinaus	leises, nächtliches Hintergrundrauschen, weibliche Stimme spricht (ausfaden)	schafft eine düstere, geheimnisvolle Stimmung, vermittelt Vorsicht und Heimlichkeit
Flirr Der Laternenschein Hellt Nach Ihm In die Gasse.	flirrendes, leises Flackern einer Laterne, sanftes Aufhellen des Klangs, nachhallende Schritte werden gegen Ende leiser, orchestrale Musik hört auf zu spielen	erzeugt ein visuelles und akustisches Bild von Lichtbewegung, bringt Klarheit in die Szene, schafft ein Gefühl des Nachspürens lyrisches Ich entfernt sich aus der Szene

Der germanistische Blick

Vor allem die onomatopoetischen Ausdrücke „Flirr" und „Klirr" fallen in der Fachliteratur immer wieder ins Gewicht sowie die Motive des Geheimnisvollen und der Befangenheit. Auch das Tor als Zugang gewährender oder verwehrender Ort wird thematisiert.

Das von Marc Gunkel inszenierte Hörstück greift den nächtlichen Spaziergang durch eine Gasse auf, der von Unruhe, Spannung und geheimnisvoller Atmosphäre geprägt wird. Diese Stimmung überträgt sich durch die Musik, die Hall- und Echoeffekte sowie das akustisch umgesetzte „Klirr" des Gehstocks, denn auch hier wurden die lautmalerischen Elemente als besonders auffällig wahrgenommen.

Mondblicke

An meine Augen spannt der Schein.
Das Schläfern glimmt in deine Kammer
Gelbt hoch hinauf
Und
Schwület mich!
Matt
Bleicht das Bett
Und
Streift die Hüllen
Stülpt frech das Hemd
Verfröstelt
Auf den Mond.
Jetzt
Leuchtest du
Du
Leuchtest leuchtest!
Glast
Blaut die Hand
In glühewehe Leere

Reißt nach dem Himmel
Mond und Sterne
Stürzen
Schlagen um mich
Wirbeln
Tasten
Halt Halt Halt!
Und
Zittern aus zu Ruh
Am alten Platz!
In
Deinem Fenster droben
Gähnmüd
Blinzt
Die Nacht!

August Stramm

MondblickM
blickMondb
MondblickM

von Raphael Esposito

Die Ergebnisse sind ein Genuss für die Ohrmuscheln.

Vertrauen Sie mir…

hervorgerufene Gefühle:

– innerliche Ruhe anfänglich
→ gfolgt von einer kurzen Unruhe
→ dann wieder Ruhe
→ Gefühl des alleine seins

erste Idee für Hörspiel:

1. ein Mann läuft in seinem Zimmer umher → kann nicht schlafen

2. läuft zum Fenster und schaut den Mond an
→ spricht ihn an

3. schaut das Bett an und sieht es leuchten

4. Geht zum Bett und legt sich schlafen

⇒ Umsetzung recht einfach
→ jedoch einige logische Problem

Mondblick

von Raphael Esposito nach August Stramm

Durch das Gedicht *Mondblick* von August Stramm sind mir zu Beginn Bilder von einer Person, die alleine in ihrem Zimmer steht und nicht schlafen kann, in den Kopf gekommen. Doch so recht hat das nicht gepasst. Bzgl. Vers 2, „Das Schläfern glimmt in deine Kammer" kam bei mir die Frage auf, warum das lyrische Ich von „deine Kammer" spricht, vor allem, da es die Kammer eines anderen ist und das lyrische Ich doch in seiner eigenen Kammer steht. Die Szene, die also in meinem Kopf entstand, passte nicht wirklich mit dem Gedicht überein.

Sprich deutlich!

Da das Bild in meinem Kopf nach dem ersten Lesen nicht mit dem Gedicht übereinstimmte, beschloss ich, mich am Fragenkatalog entlang zu hangeln und begann meine ersten Eindrücke zu notieren. Ich schrieb zu jedem Vers meine Eindrücke und Gefühle auf, doch selbst dann störte mich der zweite Vers, welcher einfach nicht so recht reinzupassen schien, noch immer. Aus diesem Grund beschloss ich, nachdem ich zu fast allen Versen meine ersten Eindrücke dokumentiert hatte, alle Ideen zu sammeln, wie der zweite Vers gelesen werden könnte. Doch da ich auch hier zu keiner passenden Lösung kam, fragte ich den Kursleiter, Herrn Dr. Bahn, welcher mir dann einen hilfreichen Hinweis gab.

Fragen über Fragen...

Nach einiger Hilfe und Problemen bei der Interpretation ist letztendlich folgendes Gedicht in meinem Kopf entstanden: Ein Mann läuft nachts allein sowie müde durch die Straßen einer Stadt und will nach Hause in sein Bett. Auf seinem Weg sieht er ein offenes Fenster und schaut hinein. Dort sieht er ein Bett, hell erleuchtet durch das Mondlicht, und sehnt sich nach seinem eigenen Bett. Dann wird der Mann unruhig und verzweifelt, schaut in den Himmel zum Mond und sieht, wie sich der Mond und die Sterne bedrohlich um ihn herumdrehen. Plötzlich reißt er sich zusammen und beruhigt sich wieder, woraufhin die nächtliche Ruhe zurückkehrt.

...und Antworten

Direkt zu Beginn meiner Gedanken der Vertonung stand ich vor dem ersten Problem. Mein Gedicht spielt nachts, während der Mond scheint. Mein erstes Problem war, wie ich die nächtliche Ruhe darstelle. Ruhe ist normalerweise geräuschlos, doch ohne Geräusche anzufangen, ergab für mich keinen Sinn, denn so wüsste man nicht, ob das Hörspiel bereits begonnen hat. Also suchte ich nach Geräuschen, die symbolisch für die Nacht oder die Stille stehen, und kam auf die Idee, das Zirpen von Grillen zu nehmen.

Das zweite Problem war, das Gefühl des Alleinseins darzustellen. Da passte ebenfalls das Zirpen der Grillen. Doch ich beschloss, noch leise, näher kommende Schritte einzubauen, um das Auftreten des lyrischen Ichs interessanter zu gestalten. Außerdem entschied ich, dass die Schritte plötzlich stoppen sollen, damit es sich so anhört, als würde das lyrische Ich vor dem Fenster stehen bleiben, in das es reinschaut.

Danach sollten einige Passagen aus dem Gedicht folgen, die die Stimmung des lyrischen Ichs darstellen. Eine ruhige, fast sehnsüchtige Stimme soll reden, um die Gefühle darzustellen. Kurz danach sollten dann düstere Musik und das Geräusch eines Sturmes auftreten, um die Unruhe darzustellen, die das lyrische Ich verspürt. Dicht darauf folgt ein herrisches „Halt", währenddessen die Musik und der Sturm abrupt aufhören, um zu zeigen, dass sich das lyrische Ich wieder gefasst hat. Hier soll dann wieder die nächtliche Ruhe mit dem Zirpen der Grillen auftreten, als Zeichen dafür, dass die ruhige Nacht wiedergekehrt ist. Daraufhin sollen die Geräusche der Grillen langsam verklingen. Durch diese Art der Vertonung soll das Zusammenspiel der nächtlichen Ruhe mit den Unruhen im lyrischen Ich dargestellt werden.

Der Klang von Mondblick

Textstruktur	Akustische Struktur	Funktion
	Grillenzirpen	Gefühl der Ruhe spiegelt die Stille der Nacht wider
	leise näherkommende Schritt (Zirpen im Hintergrund)	Auftritt lyrisches Ich, Gefühl des Alleinseins
An meine Augen spannt der Schein.	Stimme des lyrischen Ichs in leisem, ruhigem Tonfall	Gefühl der Ruhe
Das Schläfern glimmt in deine Kammer	Schritte bleiben stehen, Geräusch des Umdrehens – (Schuhe schleifen über den Boden) Stimme des lyrischen Ichs unverändert	lyrisches Ich dreht sich zum Fenster und schaut hinein
Jetzt Leuchtest du Du Leuchtest leuchtest!	aufgeregte Stimme des lyrischen Ichs Aufkommen leicht dramatischer/bedrohlicher Musik	Unruhe im lyrischen Ich
Mond und Sterne Stürzen Schlagen um mich	ängstliche Stimme lyrischen Ichs Bedrohliche Musik ist nun deutlich zu hören. Geräusch eines Sturmes	Unruhe im lyrischen Ich weitet sich aus.
Wirbeln Tasten	ängstliche Stimme des lyrischen Ichs, abgehackt weiterhin Musik	Unruhe im lyrischen Ich Sturm greift „Wirbeln" auf.
Halt Halt Halt!	nun starke Stimme des lyrischen Ichs Musik stoppt abrupt.	einkehrende Ruhe im lyrischen Ich
Gähnmüd Blinzt Die Nacht!	Müde Stimme des lyrischen Ichs ruft mit letzter Kraft: „Die Nacht!"	Müdigkeit des lyrischen Ichs

Textstruktur	Akustische Struktur	Funktion
	leises Grillenzirpen	Lyrisches Ich geht Heim. Nächtliche Ruhe kehrt zurück.
	lautes Grillenzirpen	Nachtruhe ist wieder hergestellt. Bezug zum Beginn wird hergestellt.

Der germanistische Blick

In den literaturwissenschaftlichen Deutungen schaut ein verliebtes lyrisches Ich zum Fenster der Geliebten, in dem sich Mond und Sterne spiegeln. Einige erweitern diesen Eindruck, indem sie von einem verlassenen lyrischen Ich sprechen, dessen Verzweiflung eine feindliche Einwirkung des Kosmos heraufbeschwöre.

Raphael Esposito geht einen etwas anderen Deutungsweg, der doch auch an die vorherigen Beschreibungen anknüpft. Bei ihm ist es nicht die Sehnsucht nach der Geliebten, die im Stück ihren Ausdruck findet, sondern der Wunsch, endlich im eigenen Bett zur Ruhe zu kommen. Das Wirbeln von Mond und Sternen scheint hier in der Müdigkeit des lyrischen Ichs seinen Grund zu haben.

ErfüllungEr

Erfüll

Erfüll

Meine Sporen frechzen deine Spitzen!
Bläulich kichern die Äderchen fort
In Sicherheit höhnisch
Im
Schimmrigen Weich
Bebige Hügel wiegen Verlangen
Köpfchen rosen empor und steilen Gewähr.
Die Lippe zerfrißt sich!
Golden ringeln Würger hinunter
Und schnüren den Hals zu
Nach meinen Fingern tastet dein Blut
Und siedet den Kampf.
Die Seelen ringen und kollern abseit!
Hoch schlagen die Röcke den Blick auf
Goldhellrot
Rotweichrot
Flamme zischt in das Hirn
Und sticht mir das Schaun aus!
Sinken Sinken
Schweben und Sinken
Schwingen im Sturme
Im Sturm
Im schreikrollen Meer!
Ziegelrot
Über uns segnet der Tod
Säender Tod!

August Stramm

üllungErfül
ngErfüllung
ngErfüllung

von Sheimaa Abdallah

Augen - Tor zur Seele.
Ohren - Tor zur Emotion.

8. Interessanterweise ist „Erfüllung" voll von Leerstellen, weil bis auf ein paar sehr detaillierte Beschreibungen von bestimmten Akten (wobei das gesamte Gedicht sehr bildlich spricht) nicht explizit erwähnt werden / was geschieht. Es könnte alles sein - wir wissen z.B. nur, das lyrische Ich interagiert mit 2. Person und durch das Körper-Motiv wissen wir, werden sich nah sein - aber es sind letzten Endes Leerstellen, hinter Leerstellen, die wir selbst füllen.

Geschehen ~ Handlungen, Handelnde, Beziehung (zusm. gefasst 9. - 14.)

Das lyrische Ich / Subjekt ist definitiv involviert & nicht distanziert, allerdings umlagert das lyrische Ich die „Verantwortung" auf den Körper, Emotionen und Reaktionen, so dass das Gedicht auf uns den Anschein macht sich treiben zu lassen von den Reaktionen & ehm nicht, dass das L. I. dabei beteiligt ist - sondern fast eher distanziert wirkt.

Die Handlung besteht aus körperlicher Nähe / Interaktion, zwischen 2 Personen, die sich lieben & beide dasselbe Verlangen haben - Es ist keine Momentaufnahme, wobei viel geschieht nicht, eher (wie gesagt) machen die

Erfüllung

von Sheimaa Abdallah nach August Stramm

Ich muss sagen, dass *Erfüllung* durch die sehr bildliche Darstellung sehr leicht zugänglich war oder direkt klare Assoziationen hervorgerufen hat – auch wenn viele Leerstellen bestehen. Vor allem die letzten zwei Verse haben mir im Zugang kleine Probleme bereitet. Nach intensiver Beschäftigung und vor allem nach der Hörspielaufnahme habe ich jedoch eine Deutung finden können.

Sprich deutlich!

Meinem Gefühl nach haben sich einige Fragen wiederholt und dann war es eher irrelevant oder unnötig – in meinem Kopf – darauf noch einmal einzugehen. Ferner schienen mir diese Textbilder auch nur eine Art Vertiefung zu den Assoziationen zu sein, die mir auch nicht viel mehr gebracht haben. Ich glaube, dass ich persönlich mehr hätte mitnehmen können, wenn es mehrere Aufnahmetage gegeben hätte. Denn ich hatte das Gefühl, die Worte ins Lautliche zu ‚übersetzen‘, hat meinem eigenen Verständnis geholfen. Natürlich bleibt das Ganze sehr individuell, aber man erfährt eine andere Auffassung/Vertiefung. In dem Moment, in welchem wir uns mit den Emotionen und Assoziationen auseinandersetzen und uns fragen, wie wir sie ins Akustische umwandeln, müssen wir uns ja auch damit beschäftigen, wie ein Vers oder eine gesamte Strophe klingen muss. Das wiederum lässt uns hinterfragen, ob wir gewisse Teile wirklich so verstanden haben oder nicht, weil der Sinn des Hörspiels auch ist, die Zuhörerschaft Ähnliches empfinden zu lassen.

Fragen über Fragen...

In meinem Gedicht geht es um ein sich liebendes Paar, das sich immer näherkommt – dabei liegt ein buchstäbliches Auf und Ab vor. Es fängt mit dem körperlichen Verlangen an und vertieft sich durch die tatsächlichen Handlungen. Hierbei stecken viel Leidenschaft und Verlangen in beiden Beteiligten. Diese tiefe emotionale und körperliche Bindung nimmt dennoch ein Ende.

...und Antworten

Für mich haben die Instrumente die Funktion, Emotionen hervorzubringen. Außerdem wollte ich den Fokus auf die Natur legen. Daher gibt es Wasser(tropfen), Regen, Sturm, Wind, Laub, Gewitter. Jene haben eine ganz andere Bedeutung von Nähe und Emotion, wenn man bedenkt, dass der Mensch letzten Endes auch Teil der Natur ist und schon immer war – auch wenn er sie ausbeutet. Gewitter assoziieren sehr viele Menschen mit Angst, Feuer oder Wut. Regen wiederum entspannt viele Menschen. Alle diese Emotionen kommen für mich im Gedicht vor. Es ist ein stetiges Auf und Ab und ein permanenter Wechsel bzgl. der Dynamik. Mal sanfter und langsamer, mal harscher und schneller, mal wütender, mal lebendiger sowie am Ende sogar leblos. Die Waldgeräusche zeigen zwei Seiten – wie klein der Mensch und wie groß die Natur ist, aber auch, mit welch einer Wucht Emotionen und Gefühle entstehen und bestehen können. Die Krähen personifizieren in meinem Hörstück den Tod, weil auch diese Laute mit dem Tod oder zumindest Friedhöfen in Verbindung gebracht werden. Das Kindergekicher ist nicht nur Bild für das ‚Kindliche im Menschen', sondern auch Symbol für Anfänge und somit verbunden mit der Geburt – wenn auch nur im übertragenen Sinne. Harfe, Gong, Hall und Echo haben, so finde ich, etwas Mystisches oder ein Gefühl der Trance an sich. Die Interaktion zwischen all den Lauten spiegelt für mich die Dynamik des Gedichts sehr gut wider und schafft es, das emotionale Auf und Ab auf die Zuhörerschaft zu projizieren.

Der Klang von Erfüllung

Textstruktur	Akustische Struktur	Funktion
Meine Sporen frechzen deine Spitzen!	emotionale Musik, fast dramatisch	Funke/Annäherung/Verlangen
Bläulich kichern die Äderchen fort	Kinderkichern/Lachen	spiegelt Freude/Lust wider – das Kindliche in einem, wenn es sich um Liebe oder Verliebtheit handelt
In Sicherheit höhnisch Im Schimmrigen Weich	Harfenklang	akustische Realisierung von Glanz/Schimmer – Traum-Assoziation
Bebige Hügel wiegen Verlangen	Getrommel oder Gong (direkt im Anschluss zur Harfe)	Ausbreitung von Verlangen
Köpfchen rosen empor und steilen Gewähr.	Sowohl dieser Vers als auch Vers 14 werden als Summen realisiert, jedoch nicht chronologisch zum Textinhalt.	das Kindliche; Energie
Die Lippe zerfrißt sich!	Papier zerreißen	Assoziation mit Riss
Golden ringeln Würger hinunter Und schnüren den Hals zu	erlöschende Flamme	‚im Keim ersticken' → schnüren den Hals zu → keine Luft/Sauerstoff
Nach meinen Fingern tastet dein Blut Und siedet den Kampf.	„komm" monoton (einer inneren Stimme ähnelnd, mit leichtem Hall) ausgesprochen, lauter werdend (mehrfach)	Willenskraft & Verlangen aber auch Leid
Die Seelen ringen und kollern abseit! Hoch schlagen die Röcke den Blick auf	wehender Wind, evtl. mit Laub (weil ringen)	Leichtigkeit zwischen den Seelen/Menschen, aber auch Mühe

Textstruktur	Akustische Struktur	Funktion
Goldhellrot Rotweichrot	Worte mit einer sanften Frauenstimme lang gezogen flüstern	Intensiviert Gefühl von ‚Feuer und Flamme'
Flamme zischt in das Hirn Und sticht mir das Schaun aus!	Streichholz entzünden und wieder auspusten	für den Funken in den Augen Auf und Ab
Sinken Sinken Schweben und Sinken	Wird mal leiser, mal lauter (mehrfach ab Gong auch mal mit Pausen) im Hintergrund gesprochen/gerufen – zwei unterschiedlich tiefe Männerstimmen im Kanon	Verdeutlichung des Aufs und Abs – emotional und körperlich. Soll Zuhörerschaft wichtig erscheinen – muss sich auf besondere Weise von den restlichen Aufnahmen im Hörspiel unterscheiden.
Schwingen im Sturme Im Sturm Im schreikrollen Meer!	Donner/Blitz/Gewitter – Tropfen im Wasser und Wal-Laute	Beides steht sowohl für Macht/Gewalt (im Sinne von Stärke) als auch etwas Majestätisches.
Ziegelrot	Kamingeknister. Wort laut ausrufen – wütende Frauenstimme (im Hall und Echo)	vorher nur goldhellrot und rotweichrot → sanft nun noch intensiver & dunkler → mehr Wucht → Feuer und Flamme/Emotionen
Über uns segnet der Tod Säender Tod!	Mit dunkler, langsamer Stimme aussprechen. Daraufhin setzen erst Stille und dann Krähen- bzw. Rabengeräusche ein.	Stille als eine Art der Zäsur. Raben werden mit Tod sowie einem Friedhof assoziiert und sollen die Zuhörerschaft dazu bringen, an ein Ende zu denken – vergängliche Liebe.

Der germanistische Blick

Deutungen zu diesem Gedicht schwanken zwischen der Darstellung eines aggressiven Aktes oder positiven Vitalismus' und heben die Naturbilder des Sturmes wie Meeres als bedeutend hervor, deren Höhepunkt erst außerhalb der materiellen Welt im Tod erreicht werde. Der Geschlechtsakt verschleiere dabei die Konkretisierung der Ich-Du-Beziehung.

Der Geschlechtsakt findet sich auch in Sheimaa Abdallahs Hörstück als zentrales Element wieder. Es geht ihr um die Inszenierung von Verlangen und Erfüllung körperlicher Leidenschaft. Nicht nur der Sturm, das Meer oder der säende Tod sind zu hören, sondern die Bilder werden um Wassertropfen, Gewitter, Flammen, Walgesang und Krähenrufe erweitert, um die menschliche Leidenschaft noch stärker in der Natur zu verorten.

Der kleine Wissenshappen Nr. 2

Manche Wissenschaftler*innen sehen die Liebeslyrik August Stramms in der Tradition des sogenannten *Petrarkismus* stehend. Dabei handelt es sich um eine vom italienischen Dichter Francesco Petrarca (1304-1374) ausgehende Form des Schreibens über Liebe, die sich durch bestimmte Vorgaben auszeichnet. Hauptmerkmal dieser Art von Dichtung ist ein in Liebe entbranntes, männliches lyrisches Ich, das sich nach einer unerreichbaren Frau sehnt, die dessen Liebe nicht erwidert. Die Schönheit der Angebeteten wird dabei immer wieder thematisiert, woraus für die Dichter*innen nachfolgender Generationen eine Art Schönheitskatalog, der eng mit dem Petrarkismus verknüpft ist (goldenes Haar, Haut wie Elfenbein, Lippen wie Korallen etc.), sowie ein Schreiben in Gegensätzen (Feuer/Eis, lebendiger Tod etc.) entstand.

Sicherlich mag die Ausgangssituation hier eine ähnliche sein. Auch bei Stramm verzehrt sich ein männliches lyrisches Ich nach einer Frau. Doch viele andere Aspekte brechen mit petrarkistischen Traditionen. So wird dort zumeist in Sonetten gedichtet oder die Angebetete bleibt für das lyrische Ich unerreichbar, die Liebe bleibt auf ewig unerwidert. *Erfüllung* ist hingegen gerade ein (und auch nicht das einzige) Beispiel der Sammlung für die gemeinsam geteilte körperliche Leidenschaft. Es bleibt also zu diskutieren, ob Stramms Liebeslyrik tatsächlich petrarkistische Züge aufweist.

Freudenha

us Freu

udenh

Lichte dirnen aus den Fenstern
Die Seuche
Spreitet an der Tür
Und bietet Weiberstöhnen aus!
Frauenseelen schämen grelle Lache!
Mutterschöße gähnen Kindestod!
Ungeborenes
Geistet
Dünstelnd
Durch die Räume!
Scheu
Im Winkel
Schamzerpört
Verkriecht sich
Das Geschlecht!

August Stramm

Freudenhaus

von Janina Schmitt

Eine ganz neue, kreative Weise, August Stramm akustisch zum Leben zu erwecken.

Assoziationsbilder

Ich stelle mir eine laute Umgebung
vor, Schreien, Stöhnen, grelle Lache,
sorgen für ein unwohles Gefühl.
Eine Frau bekommt gerade ein
Kind. Ungeborenes Kind sorgt
für Scham. Der Raum ist
düster trotz Sonneneinstrahlung.
Freude ist nicht auffindbar.
Mehrere Frauen sind zu hören,
in dem Raum als auch außerhalb des Raumes. Neugeborenes
Kind kommt auf die Welt.
→ Blut, grelle Lache, Geschlecht
unsicher. Die Geburt erweckt
keine Freude

Freudenhaus

von Janina Schmitt nach August Stramm

Ein Hörstück ohne jegliche Erfahrung zu entwickeln, einzusprechen und selbst zu bearbeiten, war zu dem Zeitpunkt, als ich mich für diesen Kurs spontan angemeldet habe, unvorstellbar. Als wir erfahren haben, dass das Ganze ebenfalls mit einem August Stramm Gedicht verbunden werden soll, war ich erstmal sehr skeptisch, ob ich das überhaupt bewältigen kann.

Sprich deutlich!

Doch zum Glück bietet *YouTube* eine super Reichweite, um sich selbst weiterzubilden und neue Fähigkeiten anzueignen. Zum technischen Part kommen wir allerdings später. Zuerst wurde das zufällig gezogene Gedicht analysiert – *Freudenhaus* von August Stramm. Dies ist ein einstrophiges Gedicht mit fünfzehn Versen, das augenscheinlich von einer gebärenden Mutter erzählt, wobei die Stimmung sehr dunkel und gedrückt scheint. Nach längerer Beschäftigung mit dem Gedicht habe ich anschließend meine persönliche Interpretation kreiert und mein Hörstück diesbezüglich angepasst. Es handelt sich meiner Interpretation nach um die Folgen eines sexuellen Übergriffes, den die gebärende Mutter verarbeiten muss. Das geborene Kind erinnert sie an die schlimme Tat, woraus sich die dunkle und unangenehme Atmosphäre des Gedichtes bildet.

Fragen über Fragen...

...und Antworten

Die Schwierigkeit war es nun, das Gedicht in ein akustisches Hörstück zu verwandeln. *Freudenhaus* von August Stramm ist jedoch glücklicherweise schon ein sehr akustisches Gedicht an sich. Beschreibungen wie „grelle Lache", „Weiberstöhnen" und Exklamationen machen das Gedicht bereits leserlich laut. Hier konnte ich die geschriebenen Wörter einfach in den Klang umwandeln. Bei dem restlichen Gedicht war Kreativität gefragt. Auffallend ist vorerst die Überschrift „Freudenhaus", welche ironisch heraussticht, da die Erwartungen eines Freudenhauses nicht mit dem eigentlichen Gedicht übereinstimmen. Diese Ironie woll-

Der Klang von Freudenhaus

te ich in meinem Hörstück untermauern. Das Stück beginnt daher mit einem euphorischen Gesang der Überschrift, die von Piano- und Gitarrenmusik begleitet wird. Die Melodien habe ich selbst entwickelt. Dabei half mir die App *GarageBand*, welche ich auch für die Bearbeitung und den Schnitt des gesamten Hörstücks genutzt habe.

Der Gesang des Wortes „Freuden", startet stimmlagig hoch und wird dann tiefer, sobald das Wort in „haus" übergeht. Dies deutet die Ironie an, die sich in der Überschrift befindet. Zugleich wird dies mit drei immer dunkler werdenden Klaviertönen untermalt. So werden die Hörer*innen in die eigentliche Stimmung des Hörstücks eingeleitet. Nach dem Intro beginnt das Hörstück. Mehrere Geräusche, wie bspw. das Piepsen eines EKG-Gerätes, welches ich mit Hilfe eines ‚Blips Piano' simuliert habe, oder auch ein unangenehmes Geräusch einer Geige, welches die näherkommende Seuche repräsentiert, spielen hier parallel im Hintergrund. Gleichzeitig werden Wortfetzen von „Seuche" im Echo wiederholt, um die Bedeutsamkeit und Nähe hervorzuheben. Weiterhin ist im Hintergrund ein lautes Atmen zu hören. Dies stellt das im Gedicht genannte „Weiberstöhnen" nach und soll das schwere Atmen vor einer Geburt in Verbindung mit Angst darstellen. Das Wort ‚näher' wird wiederholt und immer lauter aufgesagt. Es beschreibt die immer näherkommende Bedrohung, die an der Tür spreitet. Also die Nähe der Geburt des Kindes und die Angst, nie wieder ohne Gedanken an die Tat weiterleben zu können. Anschließend ist ein dunkles Lachen zu hören. Es handelt sich um die Lache eines Mannes, welche die „grelle Lache" des Gedichtes repräsentieren soll. Anstatt einer grellen Frauenlache, die möglicherweise beim Lesen des Gedichtes vorerst erwartet wird, wollte ich eine Männerlache nutzen. Die Protagonistin befindet sich in einem Krankenhaus. Geräusche eines EKG untermalen die Atmosphäre. Während sie ihr Kind gebärt, denkt sie an die Entstehung des Kindes zurück. Die grelle Lache eines Mannes hebt hervor, dass es sich möglicherweise nicht um eine Empfängnis handelt, die von beiden Teilhabenden gewollt war. Die folgenden Worte „Bitte", „Stop", „Nein" und der Satz „Ich will nicht." unterstützen diese Aussage. Die Sprecherin denkt an den Zeitpunkt zurück, in dem die Worte gefallen sind, und spricht sie ebenfalls im Krankenhaus aus, während sie das

Kind gebärt das daraus entstand. In diesem Moment wünscht sie sich, dass das Ereignis nie geschehen wäre. Ein gemeinsames Kind würde sie jedes Mal an die Tat erinnern. Der einzige Gedanke, der ihr in den Kopf kommt, ist der „Kindestod". Wiederholend wechselt sie zwischen dem Gedanken des Todes und den Gedanken der Tat, während sie schlussendlich entbindet. Ein Babyweinen ist zu hören und das Kind ist geboren.

Darauf folgt der selbst gestaltete Dialog, der die Situation und die Handlung des Stücks erläutert. Eine unwissende, neutrale Person (Hebamme) stellt der Protagonistin die Frage, warum sie nicht glücklich sei, gerade ein Kind bekommen zu haben. Die Protagonistin antwortet, indem sie unkonkret erzählt, was geschehen ist. Ein schnelles nervöses Herzklopfen ist im Hintergrund zu hören und deutet auf die empfundene Nervosität und Angst hin. „Ein Moment der Schwäche" wird betont und von einer männlichen Stimme im Echo wiederholt. Dieser Moment der Schwäche ist genau jener, den der unbekannte Mann ausnutzte, und wird deshalb bedrohlich wiederholt. ‚Scheu', ‚Schmerz', ‚Stopp', ‚Dunkelheit' sind alles Wörter, die während der Tat gerufen und empfunden worden sind, bis es vorbei und die Stimme der Protagonistin „schamzerpört" war. Sie wollte den Akt nie eingehen, es war ohne Einverständnis. Sie wusste nicht, was sie tun sollte, und fühlte sich überrumpelt. Der unbekannte Mann hörte dennoch nicht auf. Das Herzklopfen verändert sich in eine Nulllinie. Das Herz hört auf zu schlagen. Es ist hierbei Interpretationssache der Hörer*innen, ob es sich bei dem ‚Herztod' metaphorisch um die Leblosigkeit handelt, die während der Tat empfunden worden ist, oder ob es sich um einen tatsächlichen physischen Tod der Mutter handelt. Das letzte Wort des Hörstückes ist erneut die Überschrift, diesmal jedoch monoton und emotionslos gesprochen. Es soll zum Nachdenken anregen und den schlimmen Vorfall und das gesamte Gedicht mit einem Wort unironisch darstellen.

Textstruktur	Akustische Struktur	Funktion
	fröhliche Melodie wechselt zu dramatischer Musik	Ironie des Titels „Freudenhaus" wird betont. | Wechsel verdeutlicht Realität: Es ist kein Haus der Freuden.
	Titel in anfangs fröhlicher Stimmlage gesprochen, wird mit Melodie dunkler	weitere, dramatische Wendung zu Beginn des Gedichts
Seuche	quietschende Violine im Hintergrund, das Wort „Seuche" im Echo	erzeugt Unwohlsein, Angst, Ekel und Bedrohlichkeit
Spreitet an der Tür	„Kommt näher" mit Echo, wird akustisch lauter im Hintergrund immer noch die Violine	Bedrohung kommt näher.
	leises Piepsen im Hintergrund (bis zum letzten Vers)	Atmosphäre eines Krankenhauses
Weiberstöhnen	lautes Atmen einspielen	Wehen kurz vor der Geburt
grelle Lache	grelles Lachen einspielen	unangenehme Stimmung
Kindestod	laut mit Echo: „Bitte", „Stopp", „Nein", „Ich will nicht"	Protagonistin wünscht sich oder dem Kind den Tod | Unwohlsein und Leid
Schamzerpört	„Scham" mit Echo	Scham, das Kind zu bekommen
Das Geschlecht!	„Das Geschlecht" / „Es ist ein Mädchen!" – Ausruf einer anderen Person | Protagonistin wiederholt letzteres monoton	andere betonen das Glück einer Geburt, während die Mutter traurig ist
	Dialog zwischen Protagonistin und anderer Stimme	zeigt Gefühlswelt der Protagonistin auf

Der germanistische Blick

Dieses Gedicht wird in der Fachliteratur sehr häufig diskutiert. Es wird u.a. auf die Diskrepanz zwischen Titel und beschriebenem Geschehen verwiesen, auf die selbstzerstörerische Kraft der Sexualität auf moralischer und physischer Ebene sowie die Deutung, dass aus einem lieblosen sexuellen Akt kein Leben entspringen könne.

An diese drei Aspekte knüpft das Hörstück von Janina Schmitt an. Bereits der eingesungene Titel wie auch dessen emotionslos gesprochene Wiederholung am Ende verweisen auf den Unterschied zwischen Inhalt und Benennung des beschriebenen Ortes. Obwohl ihre Deutung das Freudenhaus selbst bei weitem nicht so stark fokussiert, wie es im Text geschieht, geht es hier ebenso um die zerstörerische Kraft eines gewaltvollen sexuellen Akts, in dessen Folge das neugeborene Kind von der Mutter nicht angenommen werden kann.

Der kleine Wissenshappen Nr. 3

In dem Gedicht *Freudenhaus* sollte der letzte Vers ursprünglich auf Höhe des vorherigen und leicht nach rechts versetzt stehen. Das Verkriechen des Geschlechts hätte sich so nicht nur inhaltlich, sondern auch formal ausgedrückt. August Stramm äußert sich dazu in einem Brief an seinen Verleger Herwarth Walden vom 11. Juni 1914:

> Ebenso könnte in der letzten Zeile zwischen „Verkriecht sich" und „Das Geschlecht!" eine Lücke bleiben, wie das in dem Manuskript auch stehen wird. Hinter „sich" ist die scharfe Senkung und „das Geschlecht" ist neue starke Hebung. Ich habe es aber absichtlich nicht in eine neue Zeile gesetzt, weil durch die Lücke und das Seitwärtsschieben des ganzen Wortes mir eben das verkriechen [sic] auch äußerlich zum Ausdruck gebracht schien.

Ausgehend von diesen Beschreibungen, hätte das Gedicht nach Stramms Wünschen also folgendermaßen abgedruckt werden sollen:

Lichte dirnen aus den Fenstern
Die Seuche
Spreitet an der Tür
Und bietet Weiberstöhnen aus!
Frauenseelen schämen grelle Lache!
Mutterschöße gähnen Kindestod!
Ungeborenes
Geistet
Dünstelnd
Durch die Räume!
Scheu
Im Winkel
Schamzerpört
Verkriecht sich   das Geschlecht!

Wankelmut

Mein Suchen sucht!
Viel tausend wandeln Ich!
Ich taste Ich
Und fasse Du
Und halte Dich!
Versehne Ich!
Und Du und Du und Du
Viel tausend Du
Und immer Du
Allwege Du
Wirr
Wirren
Wirrer
Immer wirrer
Durch
Die Wirrnis
Du
Dich
Ich!

August Stramm

Wankelmut

von Emily Berge

Spannend finde ich an dem Projekt, wie unterschiedlich Gedichte gedeutet werden können.

(Stramm ist stramm!)

weifelt

klagend

nd

otisch

ostfindung

sätzliches

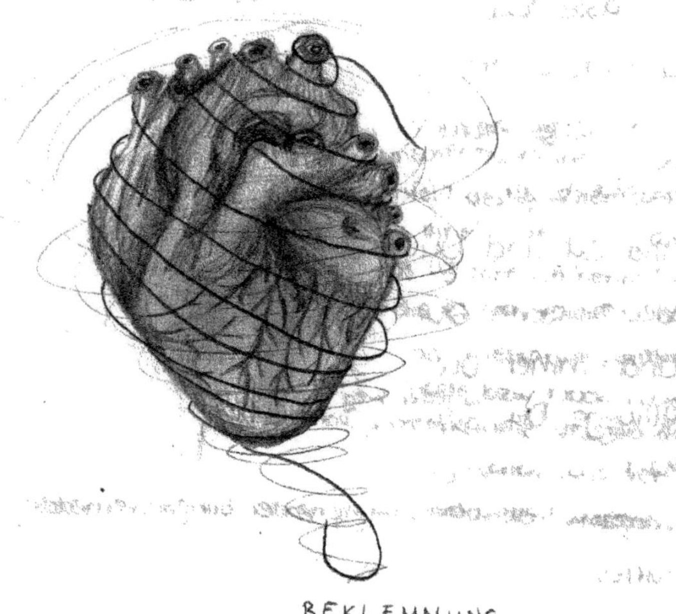

Wankelmut

von Emily Berge nach August Stramm

Während des ersten Leseprozesses hatte ich zu Beginn Verständnisprobleme. Der Vers „Mein Suchen sucht!" hat mir Schwierigkeiten bereitet, da nicht deutlich daraus hervorgeht, worum es bei der Suche geht und ob diese von dem lyrischen Ich ausgeht. Die weitere Auseinandersetzung mit dem Gedicht hat mir geholfen, dieses besser zu verstehen. Dazu hat auch das Vorlesen mit verschiedenen Stimmen und Lautstärken beigetragen.

Sprich deutlich!

Die Arbeit mit dem Fragenkatalog war hilfreich für die Auseinandersetzung mit dem Gedicht, da man dieses aus verschiedenen Perspektiven betrachtet hat (Stimmung, Textbilder, Akustik). Die Auseinandersetzung mit meinen Assoziationsbildern und der Wirkung des Gedichts auf mich in Bezug auf Ideen, wie ich jenes akustisch umsetzen könnte, hat mich auf besonders viele Ideen gebracht. Eine solche wäre zum Beispiel die Klaviermelodie im Hintergrund.

Fragen über Fragen...

Ich habe das Gedicht *Wankelmut* so interpretiert, dass es um einen Konflikt des lyrischen Ichs geht, welcher sich in dessen Kopf abspielt. Die Stimme seines Kopfes sucht es heim und sorgt durch die Zerrissenheit, die das lyrische Ich verspürt, für Chaos im Kopf. Das lyrische Ich schwankt zwischen Ich und Du. Das lyrische Du könnte die vielen gesellschaftlichen Erwartungen darstellen, welche das lyrische Ich fesseln und woran dieses zerbricht. Möglicherweise könnte das lyrische Du auch für einen Menschen im Leben des lyrischen Ichs stehen. Einerseits könnte dieser ihm nahestehen, da das lyrische Ich es ‚hält'. Andererseits könnte es eine für das lyrische Ich unerreichbare Person sein, die das lyrische Ich nicht loslassen kann, jedoch sollte. Der Zustand des lyrischen Ichs wird immer dramatischer, bevor es diesen überkommen kann. Nach der Überwindung der Wirrnis kommt es zur Ich-Werdung (gesellschaftlicher Rahmen) bzw. zu der Abgrenzung des lyrischen Du (Einzelperson). Die Gefühlslage des lyrischen Ichs lässt sich am besten mit ‚Verzweiflung' beschreiben.

...und Antworten

Die Grundstimmung meines Kurzhörstücks habe ich mir als verzweifelt und bedrohlich vorgestellt. Zudem habe ich mich dazu entschieden, viel Flüstern und Rauschen einzubauen. Das sollte die Passivität des lyrischen Ichs, welches von den eigenen Gedanken eingenommen und überfordert wird, sowie den ‚vernebelten Verstand‘ darstellen. Darüber hinaus habe ich bewusst überwiegend keine sauberen Übergänge gewählt. Dies sollte dafür stehen, dass die Gedanken des lyrischen Ichs springen und manche Gedanken womöglich abgebrochen werden. Um die Grundstimmung deutlicher zu machen, habe ich einen Klavierakkord eingespielt, der diese – unterschiedlich umgesetzt – hervorheben sollte. Dabei handelt es sich um einen verminderten, invertierten Fis-Akkord (c, fis, a). Dieser klingt spannend und etwas bedrohlich. Im ersten Teil des Gedichts geht es um die Suche und Rastlosigkeit des herumwandelnden lyrischen Ichs. Das lyrische Ich wird vom lyrischen Du verfolgt, weshalb sich die Töne in diesem Abschnitt ebenfalls verfolgen - also einzeln gespielt und immer höher werden. Dies soll die Aussichtslosigkeit verdeutlichen. Um den Konflikt im zweiten Teil aufzugreifen und zuzuspitzen, werden dieselben Töne gewählt, welche jedoch nun gleichzeitig gespielt werden. Das Flüstern soll die Stimme im Kopf des lyrischen Ichs sein. Um die Überforderung des lyrischen Ichs akustisch umzusetzen, habe ich Du und Ich sehr häufig, sich teilweise überlappend und/oder mit Stereo-Effekten spielend, wiederholt. Die Krankenhausgeräusche stehen für die schlechte geistige Verfassung des lyrischen Ichs. Diese wird durch ein hyperventilierendes Atmen betont, welches sich steigert. Zunächst versucht sich das lyrische Ich zu beruhigen – um das darzustellen, flüstert eine Stimme „schhhhh“. Es funktioniert jedoch nicht, sodass das Herz nicht weiterschlägt. Zudem wird dieser dramatische Zustand und das extreme Gefühl von Verzweiflung und Beklemmung durch das Aussetzen des Atems dargestellt. Das lyrische Ich wird nach der Stille durch den Herzschlag ‚wiedergeboren‘, ist also „Durch / Die Wirrnis“ zu sich und zu Klarheit gekommen.

Der Titel *Wankelmut* wird aufgegriffen, indem sich das lyrische Ich Mut zuspricht, dabei vor der Abgrenzung aber nochmal schwankt. Zweifel kommen auf, bis das lyrische Ich die zweifelnde Stimme verstummen lässt.

Der Klang von Wankelmut

Textstruktur	Akustische Struktur	Funktion
Mein Suchen sucht!	flüsternd: „Ich suche dich" und „Wo bist du?" (je 1x)	unaufhörliche, verzweifelte Suche | Stimmen im Kopf
	wiederholen mit Stimmen, die sich überlagern	dauerhaftes Thema, verzweifelte Suche, lyrisches Ich kann nur daran denken
	stereophoner Wechsel zwischen links und rechts	Passivität des Subjekts, das Suchen überkommt es Überforderung
	Erhöhung der Lautstärke	Steigerung der Verzweiflung
Viel tausend wandeln Ich!	Schritte (vor/zurück)	Absuchen im Raum | Herumirren, ohne Gesuchtes zu finden | ein Prozess, der nicht abgeschlossen ist (zugleich Überleitung zu nachfolgenden Szenen)
Ich taste Ich Und fasse Du Und halte Dich! Versehne Ich!	geflüstertes „Du" in stereophonem Wechsel zwischen links und rechts, wiederholend, überlagernd	schwirrt im Kopf herum, sucht einen heim Überforderung, Verzweiflung des Subjekts
	Klavier spielt verminderten, invertierten Fis-Akkord (c, fis, a) Töne, werden immer höher	melancholisch-spannende Stimmung durch Akkordauswahl → Verzweiflung steigt Töne verfolgen sich → Du verfolgt lyrisches Ich höhere Töne → spannungssteigernd Erreichen des Ichs gelingt nicht, Du rennt ihm aussichtslos nach (versehnen)

Textstruktur	Akustische Struktur	Funktion
	Rauschen	Verstand ist nicht mehr klar
	Tasten	fassen – gelingt nicht
	erst flüsternd, dann immer lauter und schneller „du, ich, du, ich…"	Zwiespalt | Abgrenzung gelingt nicht | Vermischung | Umklammerung → nicht loslassen können | Steigerung
	Klavier spielt verminderten, invertierten Fis-Akkord (c, fis, a), diesmal werden alle Töne gleichzeitig gespielt, Höhe und Tiefe variiert, wird aber allgemein immer höher, bis es dann am Ende wieder tiefer wird	Verzweiflung, Dramaturgie steigt Töne verfolgen sich wie Du das lyrische Ich durch Klavier – Aufgreifen und Zuspitzen der vorherigen Situation
	geflüstertes „Ich" wiederholt sich und vermischt sich mit geflüstertem Du erst abwechselnd, dann nur noch Du	Ich wird versehnt, bleibt aber unerreichbar Zerrissenheit (abwechselnd Du/Ich), aber Du überwiegt
Und Du und Du und Du Viel tausend Du Und immer Du Allwege Du	geflüstertes „Du"	Verdrängung des Ichs, Du im Zentrum | Stimme im Kopf, die lyrischem Ich das Du dauerhaft präsent macht
	„Du" wiederholt sich, wird zum Hintergrund	Dauerhaftigkeit | Es wird zur Normalität, zu einer Art Mantra.

Textstruktur	Akustische Struktur	Funktion
Wirr Wirren Wirrer Immer wirrer	tiefes, verzweifeltes, immer mehr hyperventilierendes Atmen	Höhepunkt der Krise, Verzweiflung, keine Lösung finden, wirr sein
	geflüstertes „schhhh"	Versuch, sich selbst zu beruhigen
	Piepton eines Langzeit-EKG	sich verschlechternder (geistiger) Zustand, persönliche Krise
	zunehmend Vermischung der akustischen Elemente bis EKG langen Ton macht und Atmen stoppt	wirr sein, immer wirrer werden | sich verschlechternder (geistiger) Zustand | Krisenhöhepunkt
Durch Die Wirrnis	Stille	Moment des völligen Verlusts
	Herzschlag	Rückkehr ins Leben
	leise bis schreiend: „Mut"	lyrisches Ich spricht sich Mut zu | Titel wird aufgegriffen
	leise bis schreiend: „Ich"	Ich-Werdung, Emanzipation vom Du
Du Dich	geflüstertes „Du"	Zweifel kommen wieder auf | Du noch präsent
	geflüstertes „pscht"	Stimme im Kopf soll ruhiggestellt werden
Ich!	geflüstertes, wiederholtes „Ich"	Ich-Werdung | eine Art Mantra | Manifestation des Ich

Der germanistische Blick

Wankelmut steht in der Fachliteratur ganz im Zeichen des Suchens. Es sei ein Suchen des lyrischen Ichs nach sich selbst und nach dem Du, das hier keine Wesenheit darstelle, sondern die Konsequenz aus der Suche nach der eigenen Identität. Es gehe um ein Gefühl des Tastens durch ein Geflecht, wodurch das lyrische Ich sowohl das Du als auch sich selbst finde.

Emily Berges Hörstück geht von einem innerlich zerrissenen lyrischen Ich aus, das zwischen Ich und Du schwankt. Dabei ist es zunächst egal, ob es sich beim Du um einen Menschen oder um gesellschaftliche Konventionen handelt. Die Suche nach sich selbst in der Suche nach dem Du reflektiert sie in der Ich-Werdung ihrer Protagonistin am Ende des Stücks, wenn der Wahn, die „Wirrnis" überwunden wird und sich das lyrische Ich vom Du abgrenzt bzw. den gesellschaftlichen Normen eigenständig, aus einer gefestigten Position heraus begegnet.

UntreuUnt treuUn ntreu

Dein Lächeln weint in meiner Brust
Die glutverbissnen Lippen eisen
Im Atem wittert Laubwelk!
Dein Blick versargt
Und
Hastet polternd Worte drauf.
Vergessen
Bröckeln nach die Hände!
Frei
Buhlt dein Kleidsaum
Schlenkrig
Drüber rüber!

August Stramm

euUntreuU
treuUntreuU
UntreuUntr

von Paula Schmidt-Drewniok

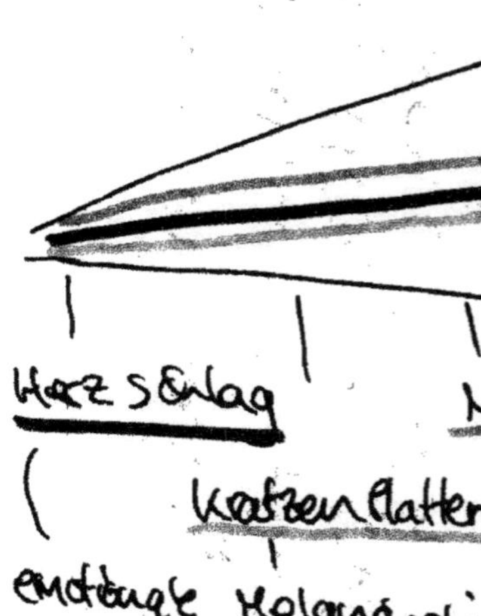

„Schauen wir mal, was wird."
Wurde ziemlich gut.

Poltern Worte " drauf

bröckeln nach die Hände

Lawine

mehr Steingepolter

Streit daraus

Überforderung

Chaos

Katastrophe (wie nach Explosion)

zeigt die Zeit vergeht

Nachdenken

Partnerin die auf Entscheidung des LI wartet

Ticken bewusstsein

Piepen

Herzschlag zeigt Leben geht weiter

Kleiderrascheln

Kleidsam " schlen krieg drüber rüber Intimität der Situation aber unangenehmen

→ bisschen zu laut

Nachhallen " des Gesagten

Frei

neue Situation Entscheidung aber nicht klar welche In wie fern Frei

Worte sich Verzeihungs "

machen es schlimmer

Untreu Er

Realisation

Entscheidung situation

Untreu

von Paula Schmidt-Drewniok nach August Stramm

Das Gedicht war anfangs nicht leicht zugänglich für mich. Schwierig fand ich beim ersten Lesen insbesondere Stramms ungewöhnliche Art, Wortgruppen und Verse zu trennen. Besonders in Vers fünf, in dem das „Und", welches normalerweise ein bedeutungsarmes Verbindungswort ist, durch seine Alleinstellung betont wird. Ebenso hat mich das „Frei" in Vers neun erstmal fragend zurückgelassen. Ich wusste, dass diese Alleinstellung eine Intention hatte, jedoch noch nicht welche. Auch die Bedeutung einzelner Worte war mir anfangs nicht geläufig, was das Verständnis erschwerte. Bei Gedichten haben die gewählten Worte oft ein besonderes Gewicht und diese Unklarheit gab mir das Gefühl, nicht alle Bedeutungen und Konnotationen zu überblicken. Außerdem konnte ich mein Verständnis von dem Inhalt des Gedichts nicht auf eigenen Erfahrungen aufbauen. Im Nachhinein würde ich in Frage stellen, ob das ein Nachteil ist, denn so konnte ich mich unvoreingenommener dem Text widmen, und meine Erfahrungen dominierten die Deutung weniger. Dies hat mich dazu angestiftet, die Deutung auch für die Hörer*innen offen zu halten. Eine weitere Herausforderung, mit der ich nicht gerechnet hatte, war, wie sehr mich der Text emotional berührte. Dies nahm zu, je mehr ich mich mit ihm beschäftigte. Er zeigt sehr roh das Innenleben des lyrischen Ichs, das betrogen wird. Je mehr ich mich mit der Deutung beschäftigte, desto stärker konnte ich mit dem lyrischen Ich und seinen ambivalenten Emotionen mitfühlen.

Sprich deutlich!

Der Fragenkatalog war insbesondere am Anfang hilfreich. Nach einem ersten Lesen des Gedichts hatte ich deutlich mehr Fragen als Antworten und eine leichte Sorge, wie man dieses als Hörspiel realisieren könnte. Der Fragenkatalog bot die Möglichkeit, weg vom Gedanken an das Endprodukt zu kommen und sich dazu hinzuwenden, sich Schritt für Schritt mit dem Gedicht auseinanderzusetzen. Besonders hilfreich war es für mich, sich das Gefühl als Szene vorzustellen. Mit dem Fragenka-

Fragen über Fragen…

talog stellte ich mir konkret vor, wer was warum macht. Welche Auswirkungen die Handlungen haben könnten, welche Stimmung herrscht und wie sich diese verändert. Im Zuge dessen entstanden einige grafische Darstellungen, die sich sowohl mit der Szene an sich als auch mit ersten Assoziationsbildern beschäftigten. Sie waren die erste Möglichkeit, sich ‚Klangbilder' vorzustellen. Im Laufe des Prozesses habe ich immer wieder zwischen dem Wunsch, meinen eigenen Weg zu gehen und mich nicht zu streng an den Katalog zu halten, und der Wertschätzung sowie Nutzung der Hilfestellung geschwankt. Insbesondere führte er mich immer wieder zum Text zurück, um nicht zu weit in eigene Vorstellungen abzuweichen. Auch die Frage, welche Wirkungen und Inhalte mir bei der Rezeption meines Hörspiels wichtig waren, wurde besonders gegen Ende relevant. Als ich einige Ideen gesammelt hatte, musste ich entscheiden, welche ich davon ein- und umsetzen wollte und in welcher Art dies geschehen sollte.

Das Gedicht *Untreu* von August Stramm beschäftigt sich mit der Gefühlswelt des lyrischen Ichs, als es erfährt, dass seine Partnerin es betrügt. Es wird die Situation beschrieben, in der die Partnerin versucht, die Beziehung zu retten. Außerdem werden die Anzeichen für ihre Untreue dargestellt, z.B. die wunden Lippen vom Küssen (vgl. Vers 2) oder die nachlässig übergezogene Kleidung (vgl. Vers 10ff.). Bis auf den ersten Vers wirkt das Gedicht wie von einem Außenstehenden beschrieben. Der erste Vers macht jedoch die Verletztheit des lyrischen Ichs deutlich: „Dein Lächeln weint in meiner Brust". In der Wahl der Worte für die Beschreibungen kommt die zutiefst erschütterte und ambivalente Gefühlswelt des lyrischen Ichs zum Ausdruck. Zentrale Themen sind dabei Ausdrücke des Verfalls und der Zerstörung, z. B. „Laubwelk" (Vers 3), „polternd Worte drauf" (Vers 6) oder „Bröckeln" (Vers 8). Das alleinstehende „Frei" (Vers 9) lässt zunächst Raum für Interpretationen, die sowohl positiv als auch negativ sein können – wie bspw. das Lösen von der Beziehung oder eine erzwungene Entscheidungssituation, welche somit keine Freiwilligkeit innehat. Im nächsten Vers bezieht sich das ‚Frei' dann auf die Kleidung, die nachlässig übergeworfen wurde und nun den Körper der Partnerin umspielt. In „Buhlt dein Kleidsaum" (Vers 10) schwingt eine anzügliche Konnotation mit

...und Antworten

und auch ein möglicher Bezug auf einen Nebenbuhler. Der letzte Vers verdeutlicht den Umschwung von Trauer zu Wut durch den abschlie-ßenden Ausruf „Schlenkrig / Drüber rüber!" (Vers 11 f.). Wir erfahren nicht explizit, welche Entscheidung das lyrische Ich in der gegebenen Situation trifft, auch wenn für mich die Wahrscheinlichkeit, dass eine Trennung vollzogen wird, überwiegt.

In meiner Interpretation wollte ich intensiv auf das lyrische Ich einge-hen und so den Fokus auf dessen Gefühlswelt legen. Besonders wichtig war mir dabei zu zeigen, wie sich Trauer und Wut mit der ursprüngli-chen Liebe und gemeinsamen Geschichte vermischen können, um so den schmerzhaften inneren Kampf zu zeigen, den das lyrische Ich in dem Moment austrägt. Um Nähe zu erzeugen, wählte ich einen Herz-schlag, der sich dann mit der nostalgisch romantischen Stimmung eines Klavierwalzers (autumn waltz) und dem Kratzen einer Schallplatte ver-mischt. In dem Stück hört man meiner Meinung nach fallende Blätter heraus, die den verfallenden und sterbenden Charakter des Gedichtes aufgreifen (vgl. Vers 3). Hier stirbt die Beziehung – zumindest so, wie sie war. Der Herzschlag zeigt auch die Ruhe nach außen hin im Kon-trast zum inneren Kampf und ist eine klangliche Umsetzung des ersten Verses. Es folgt eine Hinzudichtung des Entschuldigungsversuchs der Partnerin, welcher einmal normal gehört wird und sich danach in eine schmerzhafte Dauerschleife verwandelt. Gleichzeitig wiederholt eine innere Stimme die schmerzhafte Wahrheit immer wieder. Das Flüstern verdeutlicht hierbei den Unglauben, aber auch, dass die Stimme nicht äußerlich wahrnehmbar ist. Unterlegt wird das Ganze durch Geräusche von Steingeröll, welche sich auf die Verse sechs sowie acht beziehen und zeigen, dass für das lyrische Ich eine Welt zusammenbricht. Alles vermischt sich zu einer lauten, überfordernden Kakofonie, die durch ei-nen Tinnituston zum Höhepunkt kommt. Es folgt eine starke Redukti-on: Man hört das Schlagen des Herzens und das Ticken einer Uhr. Hier soll deutlich werden, dass es sich zwar für das lyrische Ich so anfühlt, als wäre die Welt zusammengebrochen, das Leben aber weitergeht. Das stumme lyrische Ich spricht zum ersten Mal selbst, indem es das ‚Frei' unterschiedlich für sich interpretiert und die Trauer von Wut abgelöst wird. In diesem Umschwung hört man auch das Rascheln von Klei-

Der Klang von Untreu

dung, das den schlenkrigen und buhlenden Kleidsaum darstellt. Das Ticken und das Rascheln sind unvollkommene, selbst aufgenommene Geräusche im Vergleich zu den Geräuschen der Kakofonie, welche aus einer Soundbibliothek stammen. Zusätzlich verdeutlicht dieser Wechsel den Übergang von der inneren zur äußeren Wahrnehmung. Es wird der Moment markiert, in dem das lyrische Ich in einer unverschuldeten Situation zu einer Entscheidung gezwungen wird. Parallel zum Gedicht wird auch im Hörspiel durch die Ausblendung deutlich, dass die Hörer*innen nicht erfahren, wie es sich entscheidet.

Textstruktur	Akustische Struktur	Funktion
Dein Lächeln weint in meiner Brust	Herzklopfen (leise im Hintergrund bis zum Ende des Stücks)	verdeutlicht den emotionalen und körperlichen Schmerz, der durch den Betrug ausgelöst wird | Die Hörer*innen sollen ganz nah an das lyrische Ich herangeholt werden.
Die glutverbissnen Lippen eisen Im Atem wittert Laubwelk! Dein Blick versargt	Kratzen einer Schallplatte und Musikstück „autumn waltz" (Oleksii Kalyna)	romantisch, traurige Stimmung Der Gegensatz zwischen Liebe und Schmerz betont die Verletzlichkeit und Endlichkeit der Beziehung und legt den Fokus auf die Trauer und die gemeinsame Geschichte. Effekt der Nostalgie
Und Hastet polternd Worte drauf. Vergessen Bröckeln nach die Hände!	Weibliche Stimme spricht wiederholend, dichter werdend: „Verzeih mir!" Einmalig: „Es ist einfach so passiert!"	Spannungsverdichtung und Innenleben des lyrischen Ichs

Textstruktur	Akustische Struktur	Funktion
	Steingeröll vermischt sich mit Musik (zunehmend lauter und diverser)	Katastrophe, die über dem lyrischen Ich zusammenbricht. „polternd Worte drauf" zeigt einen letzten Versuch, die Beziehung aufrechtzuerhalten durch das Gegenüber, aber die Worte machen es nur schlimmer.
	männliche Stimme flüstert in Dauerschleife: „Untreu"	Die Dauerschleife untermalt das Gedankenkarussell des lyrischen Ichs und dessen Überforderung. Das Flüstern ist die brutale Wahrheit die gegen die letzte Hoffnung für diese Beziehung kämpft.
	Tinnituston wie nach einer Explosion mit abruptem Ende wird eingeblendet und alles andere ausgeblendet.	Schmerz, Wut, Realisation, dass die Beziehung, so wie sie war, zerstört ist.
	Nur die Stimmen hallen noch reduziert nach und das Herzklopfen wird wieder vernehmbar.	Nach dem drastischen Decrescendo zeigt das Herzklopfen, dass das Leben für das lyrische nach dem Betrug weiter geht.
Frei	Ticken einer Uhr (sehr leise im Vergleich zu vorher) Männliche Stimme spricht „Frei" nüchtern feststellend – traurig, verzweifelt, fragend – schnaubend, wütend	Deutungen von „Frei": Akzeptanz der Situation. Trauer, Hilflosigkeit, Verzweiflung über die verlorene Beziehung. Wut über Betrug, Wut auf das untreue Du, Wut, weil das lyrische Ich keine freie Wahl hatte.

Textstruktur	Akustische Struktur	Funktion
Buhlt dein Kleidsaum Schlenkrig Drüber rüber!	weiterhin Ticken der Uhr | Rascheln von Kleidung erklingt (Einsatz kurz vor dem dritten „Frei") | beides blendet zum Ende hin aus	Die reduzierte Klangkulisse stellt die Ruhe nach dem Sturm dar. Alles wurde gesagt. Die Tatsachen liegen auf der Hand und das Gegenüber ist im Blick des lyrischen Ichs abgewertet. Die Ruhe zeigt das Vakuum, das entstanden ist. Das Gegenüber, welches durch das Kleiderrascheln symbolisiert werden soll, wartet. Das lyrische Ich muss jetzt einige Entscheidungen treffen. Diese bleiben für die Rezipierenden jedoch offen.

Der germanistische Blick

Bisherige Deutungen verweisen vor allem auf den Begräbnischarakter des Gedichts und auf die paradoxen Beschreibungen. Es werde eine Beziehung zu Grabe getragen, der auf die Abweisung des lyrischen Ichs bereits eine neue Anziehung für das lyrische Du folge.

Das Hörstück von Paula Schmidt-Drewniok steht in der Tradition dieser Textauslegung. Sie stellt die Gefühle des lyrischen Ichs in den Mittelpunkt, die bei der Trennung vom untreuen Du entstehen. Entschuldigungen häufen sich auf und stürzen wieder in sich zusammen. Geräusche des Verfalls und der Zerstörung stehen neben dem Rascheln des nachlässig übergeworfenen Kleides, das bereits den Nebenbuhler erahnen lässt. Es repräsentiert das „Frei" des Gedichts in doppelsinniger Form – frei durch die Nachlässigkeit, als Auflösung gesellschaftlicher Normen und frei nach dem Lösen der Beziehung, die das lyrische Ich so sehr beschwert.

VerhaltenV

halter

rhalte

Meine Augen schwingen in deinen Brüsten
Dein Haupt beugt glutrot weichen Schatten
Drauf!
Der Atem schämigt hemmend
Das Gewoge.
Mich krallt die Gier
Und herbe Dünste bluten
In seinen Ketten
Rüttelt
Der Verstand.
Fein
Knifft die Scheu die Lippen lächelnd
Kälter!
Mein Arm nur
Faßt
Im Schwung
Dich
Heißer heiß!

August Stramm

VerhaltenVer
VerhaltenVe
nVerhaltenV

von Agnetha Rauch

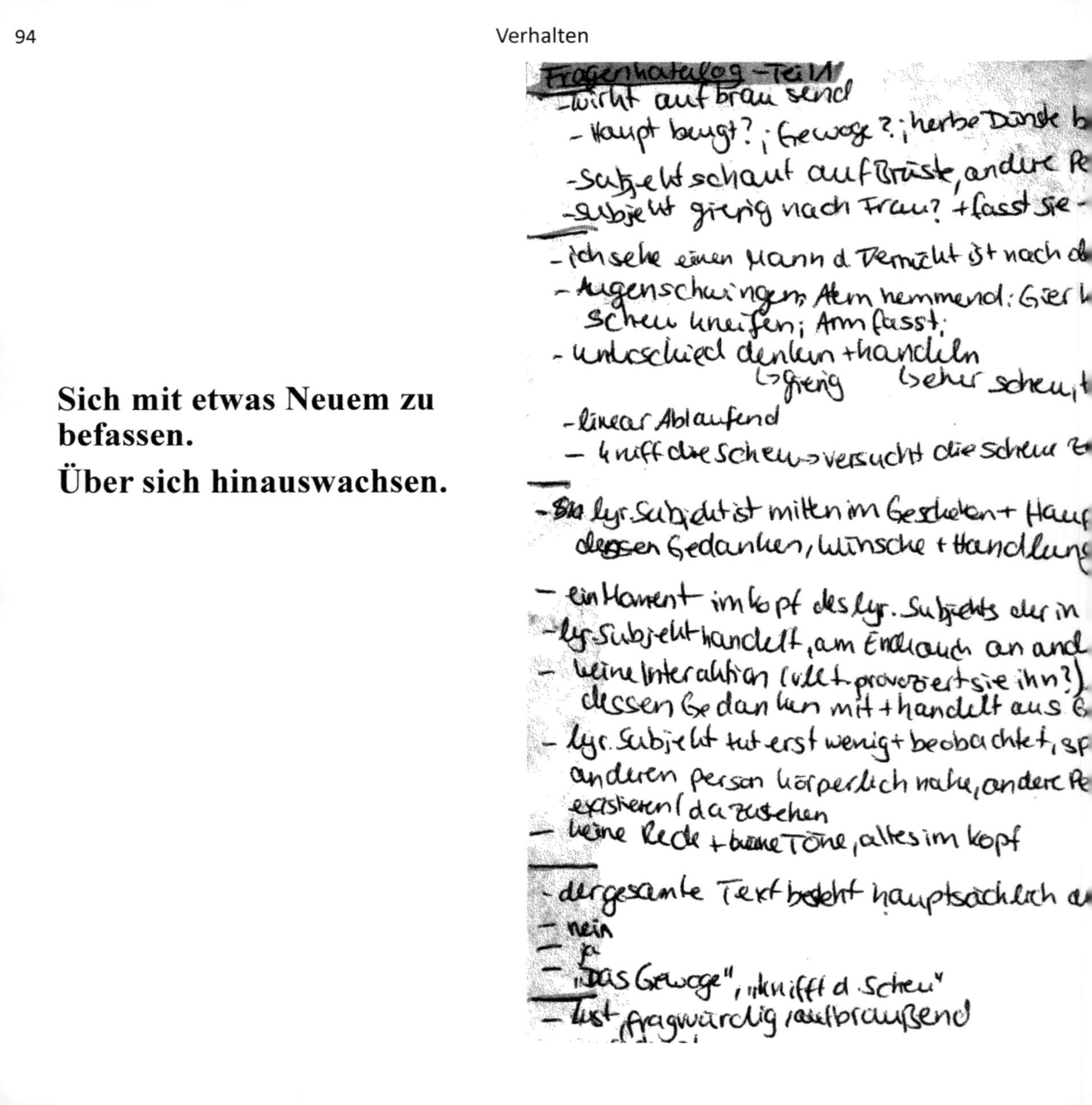

Sich mit etwas Neuem zu befassen.

Über sich hinauswachsen.

Teil 2
- Begriffe Kälter und Heißer
- schnell laufbrausend
- text hat wie einzelne Abschnitte, lässt sich rappen
- Schlagwörter wie „Drauf", „Fein", „Kälter", „Heißer"
- Atemhemmend, Ketten rüttelt,
- abgeschnittene Texte mit eingefügten Schlagwörtern

- soll aufzeigen wie sehr d. lyr. Ich die anderen Personen begehrt
  beinzelne Bilder aufrechten ton gemäß
- dass man eintaucht + die Hitze spürt
- Gewoge - Lärm, Herzklopfen - Begierde
- Stimmungen
- Atem hemmend - wie luft anhalten/nach luft schnappen, augen schwingen - schwingendes Beil? Ketten
  rütteln, Kälter - Frost/Eis, Schwung, heiß - Hitze Feuer/kochen
- Augen schwingen in Brüsten, Gewirrel, Haupt beugt Schatten
- Drauf, Rüttelt, Gewoge, Fein, Kälter, Heißer
- einzelne Ausrufe
- Geräusche/Klänge
- eine tiefere markantere Stimme - die die Wörter in den Raum wirft
- Übergänge, Einrufe haltend

Verhalten

von Agnetha Rauch nach August Stramm

Am Anfang fand ich es schwer, mich überhaupt mit meinem Gedicht, *Verhalten*, zu befassen. Ein paar Worte waren für mich schwer zu greifen, was sich durch die mehrfache Auseinandersetzung und das laute Vorlesen jedoch legte.

Sprich deutlich!

Dank des beigefügten Fragenkatalogs fing ich an, mich spezifischer mit dem Inhalt auseinanderzusetzen. Der Fragenkatalog half mir, bestimmte Sichtweisen zu verändern und einen genaueren Blick auf das Gedicht zu werfen. Dadurch haben sich auch teilweise bestehende akustische Strukturen verändert oder sogar neue Strukturen aufgetan. Manche Stichpunkte, wie zum Beispiel die ,Emotionen beim Lesen', wurden, so fand ich, zu oft im Fragenkatalog verwendet. Teilweise fand ich es auch schwierig, so genau auf die Emotionen einzugehen und sie bis ins kleinste Detail zu beschreiben. Durch die Stichpunkte zum Bereich ,Geschehen' und ,Akustik' haben sich für mich teilweise neue Sichtweisen ergeben und ich habe dadurch meinen Fokus bei der Vertonung eher auf das Umsetzen von Handlungen mithilfe der Akustik gesetzt.

Fragen über Fragen...

Nach all diesen Überlegungen kam ich zu dem Schluss, dass es in diesem Gedicht um ein lyrisches Subjekt geht, welches inmitten einer Menschenmenge eine Person entdeckt und sich zu dieser stark hingezogen fühlt. Das lyrische Subjekt ist wie benommen von dem Anblick der anderen Person, sodass die Begierde immer größer wird, bis das lyrische Ich sich am Ende des Gedichts schließlich dafür entscheidet, seine Gedanken mit einer Aktion in die Tat umzusetzen.

...und Antworten

Ich habe für mein Hörstück den Entschluss gefasst, die Verse aus dem Gedicht so gut wie möglich zu vertonen. Dabei habe ich die einzelnen Wörter zwischendurch, wie bspw. „Drauf!", eingesprochen und mit einem Hall versehen, um diese als gedankliche Einwürfe des lyrischen Subjekts darzustellen. Die restlichen Verse habe ich dann Zeile für Zei-

Der Klang von Verhalten

le vertont. Dies habe ich so gewählt, um die Handlungen im Gedicht für die Hörer*innen deutlicher zu machen. Einleitend habe ich eine tickende Uhr einspielen lassen, um zu zeigen, dass das lyrische Subjekt sein Objekt der Begierde entdeckt hat und so begeistert von dieser Person ist, dass die Zeit ansonsten stehen bleibt. Durch die laute Menschenmenge wird deutlich, dass Raum und Zeit für das lyrische Subjekt in diesem Moment keinerlei Bedeutung haben, da es so angetan von der anderen Person ist. Das Anhalten des Atems und das immer schneller werdende Atmen, welches ich beides selbst aufgenommen habe, stellen das lyrische Subjekt da, während es angetan und voller Gier ist. Die Ketten, welche den Verstand rütteln, sollten auch als solche vertont werden. Dabei habe ich für die Aufnahme eine Handtasche mit einem Kettentaschenhenkel benutzt, dieses Klimpern aufgenommen und als höhere sowie tiefere Tonlage übereinander gelegt, um einen natürlichen Klang zu erzeugen. Das immer schnellere Herzklopfen dient wie das schneller werdende Atmen und das Anhalten des Atems zur Verdeutlichung der immer größer werdenden Begierde. Hierzu habe ich meinen eigenen Herzschlag aufgenommen und nach hinten raus schneller abspielen lassen. Den Schwung akustisch darzustellen, fand ich zuerst schwierig. Dann kam mir aber die Idee, den Ton selbst zu produzieren, indem ich ein Kabel benutzt habe und dieses immer schneller habe schwingen lassen. Um den Ton aus meinen Vorstellungen auch so zu kreieren, habe ich verschiedene Seile und Kabel getestet, um auf die für mich perfekte Tonlage zu kommen. Dies endet schließlich mit einem abrupten Stoppen, um deutlich aufzuzeigen, dass die Vorgänge im Kopf des lyrischen Subjekts nun zu einem Höhepunkt gelangt sind und in einer aktiven Handlung des lyrischen Subjekts münden. Somit sollten bei der Vertonung weniger die Gefühle der Leser*innen und textuelle Inhalte im Vordergrund stehen, sondern eher meine Interpretation der Handlung des lyrischen Subjekts dargestellt werden. Deswegen benutzte ich nur einzelne eingesprochene Wörter, da ich bei diesen die Verdeutlichung der Begierde und des Gefühlschaos des lyrischen Subjekts herausstechend fand.

Textstruktur	Akustische Struktur	Funktion
Meine Augen schwingen in deinen Brüsten Dein Haupt beugt glutrot weichen Schatten	tickende Uhr	Lyrisches Subjekt entdeckt sein Objekt der Begierde.
Drauf!	mit Hall einsprechen	Lyrisches Subjekt hört das Wort in seinen Gedanken.
Der Atem schämigt hemmend	einmaliges Schnappen nach Luft	Der Atem stockt aufgrund des Anblicks.
Das Gewoge.	laute Menschenmenge	Lyrisches Subjekt entdeckt das Objekt seiner Begierde im Getümmel.
Mich krallt die Gier Und herbe Dünste bluten	immer schneller werdendes Atmen	Die Gier nach dem Objekt der Begierde wird immer größer.
In seinen Ketten Rüttelt Der Verstand.	klirrende Ketten	Ketten akustisch vergegenwärtigen
Fein	mit Hall einsprechen	Lyrisches Subjekt hört das Wort in seinen Gedanken.
Knifft die Scheu die Lippen lächelnd	Herzschlag, der immer schneller wird und abrupt stoppt	Aufregung, größer werdende Gier des lyrischen Subjekts Abruptes Stoppen stellt das folgende Wort in den Vordergrund.
Kälter!	mit Hall einsprechen	Lyrisches Subjekt hört das Wort in seinen Gedanken.

Textstruktur	Akustische Struktur	Funktion
Mein Arm nur Faßt Im Schwung Dich	immer schneller werdende Drehung wie Turbinen	Schwung akustisch vergegenwärtigen
Heißer heiß!	Abruptes Stoppen der Akustik, dann letzte Wörter mit Hall einsprechen	Abruptes Stoppen stellt die folgenden Worte in den Vordergrund und hebt sie als Abschluss hervor. Lyrisches Subjekt hört sie in seinen Gedanken.

Der germanistische Blick

Eine Darstellung des Innenlebens des lyrischen Ichs wird dem Gedicht *Verhalten* zugeschrieben. Es zeige den Konflikt zwischen Trieb und anerzogener Zurückhaltung sowie die damit einhergehende Hilflosigkeit des Verstandes. „glutrot" stehe hier für die erotische Ausstrahlung des Du und die Erregung des lyrischen Ichs.

Die Begierde ist auch zentrales Motiv in Agnetha Rauchs Umsetzung. Sie spielt eine zufällige Begegnung in einer Menschenmenge durch, die beim lyrischen Ich eine starke Leidenschaft weckt. Wie benommen vom Anblick des Du schwankt es zwischen dem Impuls, der Lust nachzugeben, und der angemessenen Zurückhaltung, die in einer solchen Situation geboten ist. Am Ende fasst es den Entschluss, der Begierde nachzugeben.

Vorübergehen

Das Haus flackt in den Sternen
Mein Schritt verhält und friert.
In deinem Schoße schläft mein Hirn.
Mich fressen Zweifel!
Voll
Schattet deine Büste in dem Fenster
Das Spähen hüllt mich lautlos
Die Sterne streifeln glühes Eisen
Mein Herz
Zerkohlt!
An deinem Fenster
Eist
Ein Windhauch Asche.
Die Füße tragen weiter leere Last!

August Stramm

enVorüberg

rübergehen

bergehenVo

von Eileen Plesa

Eine Mischung aus Spaß, Kreativität und Lyrik.

Ein Junge läuft nachts an
das Haus seiner Exfreundin
kurz nach der Trennung.
Er bleibt vor ihrem Fenster
stehen & denkt daran
wie er die Beziehung zerstört
hat.
Er schaut in Himmel & sucht
Antworten oder Lösungen, um
es wieder gut zu machen.
Doch findet keine.
sein Herz tut weh & ein
eisiger Wind zieht vorbei, bei
dem sein zerkohltes Herz
an ihm vorbei fliegt.
Er läuft weiter, doch ohne

Vorübergehen

von Eileen Plesa nach August Stramm

Das Gedicht beginnt bereits auf eine verwirrende Weise. Es war mir unklar, ob sich das lyrische Ich draußen vor dem Haus oder bereits im Inneren des Hauses befindet. Hinzu kamen die seltsamen Wörter, die das Gedicht noch rätselhafter machten. Wörter wie „Spähen", „flackt" und „Büste" tauchten auf und schienen nicht recht in den Kontext zu passen. Beispielsweise wusste ich durch das Wort „flackt" nicht zuzuordnen, ob das Haus „flackt" oder die Sterne am Nachthimmel. Das Wort „Spähen" vermittelte den Eindruck des heimlichen Beobachtens, während „Büste" ein antikes Bild heraufbeschwor, das nicht so recht in die moderne Lyrik passte. Beim Lesen dieser Zeilen stolperte ich regelrecht, da die Worte wie kleine Hindernisse im Lesefluss des Gedichts wirkten.

Sprich deutlich!

Anfangs schien der Fragenkatalog hilfreich, um das Gedicht besser zu verstehen. Denn es wurde offensichtlich, dass das Gedicht ein Liebesgedicht ist. Doch bei weiterem Vorgehen stellte ich fest, dass sich viele Fragen mit den Antworten wiederholten und viele von ihnen für mein Gedicht irrelevant waren. Zum Bespiel waren die Textstrukturen schwierig zu identifizieren, da es nicht viele verschiedene Textbilder gab, sondern in sich verschmelzende Übergänge, wodurch die Fragen nicht eindeutig beantwortet werden konnten. Deshalb entschied ich mich dagegen, mit dem Katalog zu arbeiten. Stattdessen versuchte ich, das Gedicht selbst so gut wie möglich zusammenzufassen, zu verstehen und zu interpretieren. Diese Herangehensweise ermöglichte es mir, eine tiefere sowie persönlichere Verbindung zu meinem Gedicht herzustellen und es auf meine eigene Weise zu begreifen. Doch der akustische Teil des Fragekatalogs war sehr hilfreich, da ich bisher wenig Berührungspunkte mit einer akustischen Ausarbeitung eines Gedichts hatte. Die vorgeschlagenen Fragen und Leitlinien halfen mir, mich besser zu orientieren und gezielt auf die klanglichen Aspekte meines Gedichts

Fragen über Fragen...

zu achten. So konnte ich die Klangstruktur, den Rhythmus sowie die Melodie der Worte bewusster wahrnehmen und in meine Interpretation einfließen lassen. Dank dieser Orientierungspunkte gelang es mir, das Gedicht nicht nur inhaltlich, sondern auch akustisch intensiver und differenzierter zu erfassen.

...und Antworten

Das Gedicht *Vorübergehn* von August Stramm schildert die Trennung zweier Menschen, die nur kurz in Berührung kommen und dann wieder auseinandergehen. Die Szenerie ist geprägt von Bewegung und Flüchtigkeit, was durch die Wortwahl des Autors unterstützt wird. Die Handlung beschreibt, wie das lyrische Ich nachts zu einem Haus läuft und in diesem eine andere Person beobachtet. In der Dunkelheit der Nacht, unter einem sternenübersäten Himmel, beobachtet es das Treiben im Inneren. Es zeigt sich ein Bild, das Sehnsucht hervorruft. Doch inmitten dieser Sehnsucht nagen Zweifel und Schuldgefühle an dem lyrischen Ich. Die Sterne wirken wie Symbole für die Erfüllung von Wünschen oder Sehnsüchten. Doch der Wind, der durch die Nacht weht, trägt diese Wünsche fort, sodass sie unerreichbar werden und gar verloren gehen. Das lyrische Ich verspürt tiefes Leid und erkennt die vergebliche Natur seiner Sehnsucht. Ohne lange zu verweilen, geht das lyrische Ich voller trüber Gedanken weg von dem Haus und der verlorenen Liebe. Der Windhauch, der nun Asche durch die Luft wirbelt, symbolisiert die Trennung der beiden Personen, deren Schicksale einst miteinander verknüpft waren. In der einsamen Stille der Nacht zieht das lyrische Ich weiter, geplagt von seinen inneren Dämonen und dem Wissen um das unwiderrufliche Ende.

Der Klang von Vorübergehen

Das lyrische Ich geht an ein Haus heran, während die Sterne am nächtlichen Himmel funkeln. Dieses Funkeln verstärkt die abendliche Szenerie und kann sowohl unheimlich und stalkerhaft als auch beruhigend verstanden werden. Jede Bewegung und jedes Geräusch scheinen intensiver zu sein. Die Schritte des lyrischen Ichs, die innehalten, haben einen dramatischen Effekt, denn es setzt zum ersten Mal eine bedrückende Stille ein. In diesem Moment der Stille nagen Zweifel und laute innerliche Stimmen am lyrischen Ich. Diese Stimmen sind der Höhepunkt der Szenerie und verstärken die intensiven Gefühle des lyrischen Ichs. Durch das schnell schlagende Herz wird ein bedrückendes und nervöses Gefühl erzeugt, welches die gesamte Szene durchdringt. Doch dann weht ein Windhauch durch die Nacht und lässt das bedrückende Gefühl, ähnlich einem Flüstern, vom Mikrofon wegfliegen. Genauso wie die Schritte des lyrischen Ichs, die sich wieder in Bewegung setzen und in die Ferne verschwinden. Die Schritte, die allmählich leiser werden und in der Dunkelheit verhallen, markieren das Ende der Begegnung und die Einsamkeit des lyrischen Ichs.

Textstruktur	Akustische Struktur	Funktion
Das Haus flackt in den Sternen	eine Art akustisches ‚Funkeln'	Verstärkt, dass die Szene abends/nachts stattfindet. Wirkt beruhigend.
Mein Schritt verhält und friert.	Schritte in Richtung Mikro, die innehalten. Stille.	Erster dramatischer Effekt, der bewirken soll, dass Zuhörenden neugierig werden.
In deinem Schoße schläft mein Hirn. Mich fressen Zweifel!	kurzes Rascheln dann Stimmen, die fragen: „Was hast du gemacht? Warum? Hat sie das verdient?" (wiederholend, laut)	Höhepunkt. Es zeigt, was im Kopf des lyrischen Ichs vorgeht.
Schattet deine Büste in dem Fenster Das Spähen hüllt mich lautlos	Stimmen werden leiser und dann still.	Abfallende Stimmung. Stille passt fast kaum und wirkt somit erdrückend.
Die Sterne streifeln glühes Eisen Mein Herz	Schnell pochender Herzschlag	erdrückendes Gefühl, verstärkt durch Herzschlag | Gefühl von Nervosität
An deinem Fenster Eist Ein Windhauch Asche.	leises Windgeräusch	Bedrückende Gefühle verschwinden.
Die Füße tragen weiter leere Last!	Schritte entfernen sich.	Symbolisiert das Ende. Die Liebesgeschichte ist vorbei und das lyrische Ich geht

Der germanistische Blick

In *Vorübergehen* werde die verzweifelte Sehnsucht nach Erfüllung in einer Feindlichkeit des Kosmos gespiegelt, so die Fachliteratur, die ebenfalls das körperliche Begehren in Kontrast zur Beziehung zum Kosmos stellt. Es vermischen sich Außen- und Innenwahrnehmung und auf eine unerfüllte Sehnsucht folge ein abruptes Ende der Wunschvorstellung, wobei die Sterne als Erfüllungsort der Sehnsucht gedeutet werden könnten.

Viele der gerade benannten Deutungsaspekte stecken ebenfalls in Eileen Plesas Konzept für das leider nicht realisierte Hörstück. Sie verweist auf Bewegung, Flüchtigkeit und Sehnsucht. Sie deutet die Sterne als potenzielle Symbole der Erfüllung von Wünschen oder Sehnsüchten, doch werden letztere von einem Wind davongetragen und sind deshalb unerreichbar. Übrig bleibt nur ein leidendes lyrisches Ich, das seinen Heimweg antritt.

ErhörtErhörtErhörtErhört

Das Hauchen weht
Und
Wirft die Widerstände
Das Wehen bebt
Und
Schüttelt Halt zu Boden
Das Hauchen braust
Und
Wirrt die wühle Tiefe
Das Brausen schwirrt
Und
Schluchzt das Herzblut auf.
Das Hauchen stürmt
Und
Reißt die Zeit in Ewig
Das Stürmen stürzt
Und
Wirbelt in das Nichtsein!
Du
Haucht
Das
Du!
Und
Hauchen Hauchen
Hauchen
Stürmet
Du!

August Stramm

ErhörtErhört
ErhörtErhört
rhörtErhört

von Viktoria Schulz

Eintauchen in eine neue Welt.

die im

durch

Brausen

des

...reich

verloren,

...olisiert.

...die

in die

Dunkelheit

Erhört

von Viktoria Schulz nach August Stramm

Der erste Leseeindruck lässt sich als schwierig beschreiben, was auf die knappen Verse zurückzuführen ist. Die Zusammenhänge und inhaltlichen Bedeutungen waren dadurch schwer zu erfassen. In meinem Kopf entstanden mehrere Fragen, die mich beschäftigt haben: Was möchte mir dieses Gedicht vermitteln? Was sollen die einzelnen Wortgruppen aussagen? Wer ist das lyrische Ich? Und vielmehr: Wer ist das „Du"? All diese Fragen ließen das Gedicht verwirrend erscheinen. Das deprimierende und bedrückende Gefühl, welches bei mir ausgelöst wurde, war aber von Beginn an präsent. Dieses wurde durch die ständigen Wiederholungen und die vielfache Verwendung von Verben ausgelöst.

Sprich deutlich!

Für ein besseres Verständnis und ein strukturiertes Vorgehen stellt der Fragenkatalog eine optimale Möglichkeit dar. Er bietet die Option, das Gedicht auf andere Weisen darzustellen oder den Fokus auf unterschiedliche Ebenen zu setzen. Vor allem mir hat es geholfen, einen Anfang für die Interpretation zu finden. Schrittweise bin ich die Fragen durchgegangen, wodurch sich mir inhaltlich immer mehr erschloss. Besonders hilfreich war der Abschnitt der Bilder, in dem der Text anhand von Wortgruppen und deren Bedeutungen abgegrenzt werden sollte.

Fragen über Fragen…

Einige Fragen, ungefähr ab der Hälfte, waren für mich überflüssig, weil ich ein paar davon schon in den Fragen zuvor beantwortet hatte. Somit hat sich für mich einiges gedoppelt. Dazu gehört beispielsweise der Aspekt der Stimmung, der bei mir in der Beantwortung der Frage nach den Eindrücken und Wirkungen aufgegriffen wurde.

Die depressive Stimmung dieses Gedichts hat sich während der intensiven Auseinandersetzung nur bestätigt. Die Wörter „Hauchen", „Wehen", „Brausen" und „Stürmen" spiegeln in meiner Interpretation die Gefühle eines männlichen lyrischen Ichs wider. Die kraftvollen Beschreibungen der Naturphänomene stehen in diesem Zusammenhang

…und Antworten

für seinen inneren Sturm und Kampf, die ihn immer weiter herrunter-
ziehen und in ein tiefes Loch drücken. Die Gefühle verstärken sich, er
schottet sich von seinen Mitmenschen ab und fühlt sich verloren. Diese
bedrückende Darstellung verbinde ich mit einer starken Depression.
Das „Du" gegen Ende des Gedichts stellt in meiner Deutung eine weibliche Person dar. Sie ist ausgeglichen und hat eine beruhigende Art beziehungsweise Stimme. Sie stellt den Anker in der Beziehung dar. Die
weibliche Person sieht das lyrische Ich und möchte für es da sein, es
unterstützen. Dadurch schöpft der Mann wieder Hoffnung, wodurch es
sich für ihn lohnt zu kämpfen.

Aufgrund der deprimierenden Stimmung des Gedichts, die durch intensive Elemente des Wetters beschrieben wird, habe ich für das Hörspiel
passende Geräusche ausgewählt. Das lyrische Ich spricht in meinem
Werk von einem leisen Wind, der in ihm für Unruhe sorgt. Diese Aussage stellt eine Verbindung zu dem Gedicht her. Akustisch wird dies
durch leise Windgeräusche ausgedrückt, die sein inneres Wohlbefinden
spiegeln. Die Stimme ist zusätzlich mit einem Hall und Echo unterlegt
worden, was seine Gedanken und die Einsamkeit verdeutlicht. Anschließend ertönen die Stimmen seiner Mitmenschen leicht überlagert
und ebenfalls mit einem Echo sowie Hall versehen, um deren Aussagen
als Gedanken darzustellen. Sie fragen sich recht abwertend, was mit
dem lyrischen Ich los ist. Dadurch soll das Alleinsein des Mannes dargestellt werden. Im Verlauf des Hörspiels wird der Wind immer stärker
und geht in einen lauten Sturm mit Elementen von Donner und Regen
über. Das lyrische Ich selbst spricht von einem inneren Sturm, der es in
ein Loch drängt. Im Gedicht ist hier die Rede von dem „Nichtsein".
Zweimal sind zusätzlich Schreie zu hören, die die Dringlichkeit der Situation vermitteln. Die Depression wird in dem Hörspiel durch die
Überlagerung von Selbstzweifeln verdeutlicht, die zusammen laut und
düster erscheinen, wodurch ein bedrückendes Gefühl ausgelöst wird.
Die Darstellung des „Du" erfolgt durch eine klare, weibliche Stimme,
die im Kontrast zu der düsteren Atmosphäre steht. Im Hintergrund ist
ein leises Vogelgezwitscher wahrzunehmen, das eine gewisse Lebendig-
keit symbolisiert. Im Anschluss daran ist ein Herzschlag zu hören.
Dieser ist dem lyrischen Ich zuzuordnen, das Hoffnung schöpft.

Der Klang von
Erhört

Textstruktur	Akustische Struktur	Funktion
Das Hauchen weht	erst leises, dann lauter werdendes Windgeräusch männliche Stimme mit Hall und Echo unterlegt	Äußere Einflüsse, die auf innere Zustände Einfluss nehmen. Einsamkeit und Gedanken des lyrischen Ichs – innerer Monolog
	weiter lauter werdendes Windgeräusch verschiedene Stimmen mit Hall und Echo unterlegt, überlagernd	Einsamkeit durch Unverständnis der Mitmenschen | Gedanken der Mitmenschen
Das Stürmen stürzt Und Wirbelt in das Nichtsein!	Sturm, Regen, Donner | männliche Stimme mit Hall und Echo unterlegt	Einsamkeit und Gedanken des lyrischen Ichs – innerer Monolog Lyrisches Ich rutscht tiefer in eine Depression.
	Sturm, Regen, Donner | Schreie männliche Stimme mit Hall und Echo unterlegt, überlagernd, wiederholend	Situation wird ernster. | Einsamkeit und Gedanken des lyrischen Ichs – innerer Monolog, Selbstzweifel bedrückende Wirkung
Du!	Vogelgezwitscher weibliche Stimme	Kontrast zur bisher düsteren Atmosphäre Das weibliche Du steht für das Leben.
	Herzschlag weibliche Stimme mit Hall und Echo unterlegt	Herzschlag steht für die aufkeimende Hoffnung des lyrischen Ichs. Gedanken spiegeln dies inhaltlich wider.

Der germanistische Blick

Die Literaturwissenschaft spricht in Bezug auf *Erhört* von der Darstellung eines erfüllten sexuellen Akts, der sich in den Steigerungen von „Hauchen" bis „Stürmen" manifestiere. Ersteres sei als eine Bewegung zu begreifen, die das gesamte Selbst des lyrischen Ichs umstürze.

Das Hörstück von Viktoria Schulz scheint auf den ersten Lauscher weit entfernt von der fachwissenschaftlichen Deutung, denn bei ihr erleidet das lyrische Ich eine Depression, statt Erfüllung in einem sexuellen Akt zu finden. Bei genauerer Betrachtung zeigt sich allerdings, dass die Grundmotive in beiden Fällen ähnlich sind und zum selben Ergebnis führen. Auch hier steigern sich die Naturphänomene. Sie stehen für den inneren Sturm oder Kampf, dem das lyrische Ich sich stellen muss und der sein Selbst ins Bodenlose stürzen lässt. Depression und sexuelle Erfüllung liegen in ihrer Beschreibung vielleicht doch näher beieinander, als gedacht. Nur das Du als Anker der Beziehung lässt das lyrische Ich am Ende Hoffnung schöpfen und Halt finden.

TraumTrau
mTrau
mTra

Durch die Büsche winden Sterne
Augen tauchen blaken sinken
Flüstern plätschert
Blüten gehren
Düfte spritzen
Schauer stürzen
Winde schnellen prellen schwellen
Tücher reißen
Fallen schrickt in tiefe Nacht.

August Stramm

Traum

von Leonie Bender

Ich finde an dem Projekt besonders spannend, wie unterschiedlich die einzelnen Hörstücke umgesetzt wurden.

- <u>Natur / Wetter für Stimm
  Stimmungswechsel verantw</u>

  ↳ schön → dunkel

- <u>lyrisches Subjekt spricht s
  agiert nicht</u>

  ↳ keine Unterhaltung / Komm
  weiteren Personen

  ↳ keinen tieferen Bewusstse
  lyrisches Subjekt

  ↳ Natureinflüsse scheinen n
  lyrische Subjekt einzuwirk

  ↳ lyrisches Subjekt als einzi
  Instanz

  → kein Perspektivenwechsel
  anderer Personen

- <u>Interaktion erfolgt zwisch
  Naturphänomenen</u>

Textstrukturen

- Mit jedem Vers kann man sich den beschriebenen Ort besser vorstellen

↳ pro Vers wird ein weiteres Bild in den Kopf des Lesers projiziert

→ „Durch die Büsche winden Sterne" (V. 1) = Bild 1

→ „Augen tauchen blaken sinken" (V. 2) = Bild 2

- Bilder erwecken den Eindruck, dass es sich um einen Traum + nicht die Realität handelt

↳ wird schon durch Titel suggeriert

- chronologische Abfolge der einzelnen Textbilder

- erster Vers des Gedichts zeigt typische grammatische Satzstruktur

↳ Objekt – Prädikat – Subjekt

↳ ab Vers 2: verschiedene Naturphänomene

Traum

von Leonie Bender nach August Stramm

Nach dem ersten Lesen des Gedichts hatte ich einige Verständnisprobleme. Insbesondere die ersten beiden Verse: „Durch die Büsche winden Sterne" und „Augen tauchen blaken sinken" bereiteten mir Schwierigkeiten, da mir die Bedeutung der Wörter „winden" und „blaken" nicht bekannt war. Nach ausgiebiger Recherche wurde mir bewusst, dass es sich bei den beiden Wörtern um Neologismen von August Stramm handelt. Zu Beginn erschien mir das Gedicht wie eine bloße Beschreibung von verschiedenen Naturphänomenen. Erst nach mehrfachem Lesen war es mir möglich, die verschiedenen Text- und Assoziationsbilder des Autors nachvollziehen und interpretieren zu können.

Sprich deutlich!

Für mich war die Arbeit mit dem Fragenkatalog sinnvoll und hilfreich, da er mir eine Struktur für die Interpretation geboten und das Verständnis erleichtert hat. Dadurch konnte ich das Gedicht auch aus verschiedenen Perspektiven (Textbilder, Akustik, Stimmungen) betrachten, Ideen für die Umsetzung meines Gedichtes in ein Hörstück sammeln sowie Text- und Assoziationsbilder besser miteinander verknüpfen. So bin ich auf die Idee gekommen, die anfangs friedliche, ruhige Stimmung des Gedichtes durch eine harmonische Klaviermelodie darzustellen.

Fragen über Fragen...

Ich habe das Gedicht *Traum* so interpretiert, dass sich das lyrische Ich in einer grausamen, gefährlichen Realität befindet und, um dieser zu entkommen, in eine unbekannte, fremde Traumwelt flüchtet. Das lyrische Subjekt schildert dem Leser im Gedicht seine Eindrücke und Wahrnehmungen dieses mystischen, geheimnisvollen Ortes. Die Erwähnung der Wörter „Büsche" und Blüten" legt den Schluss nahe, dass sich die neue, unbekannte Welt in der Natur befindet. Diese wirkt zunächst bezaubernd und schön, was durch „Flüstern plätschert" (Vers 3) und „Blüten gehren" (Vers 4) verdeutlicht wird. Allerdings wird die Atmosphäre zunehmend düsterer und unheimlicher, da sich die Natur als Gewalt entpuppt, die nicht zu bändigen ist. Das ruhige, friedliche Was-

...und Antworten

serplätschern wird zu einem starken Regenschauer, „Schauer stürzen"
(Vers 6), und das leise Windrauschen verwandelt sich in einen gefährlichen Sturm, „Winde schnellen, prellen, schwellen" (Vers 8), sodass die
Welt ins Chaos gestürzt und der Traum zu einem Alptraum wird. Dies
könnte bedeuten, dass sich der Traum mit der grausamen Realität des
lyrischen Subjekts vermischt und dieses erkennt, dass es der Realität
und damit seinem Schicksal nicht entfliehen kann. Der Traum endet
schließlich in völliger Dunkelheit – „Fallen schrickt in tiefe Nacht"
(Vers 9) – und jede Hoffnung auf ein besseres Leben wird zerstört. Zum
Schluss bleibt die Frage offen, ob diese völlige Dunkelheit auch für den
Tod des lyrischen Subjektes stehen könnte.

Da das Gedicht *Traum* von August Stramm 1914 zu Beginn des Ersten
Weltkriegs erschienen ist, wollte ich diese Thematik auch in meinem
Hörstück aufgreifen. Das lyrische Subjekt lebt in einer grausamen, gefährlichen Realität. Dies wird in meinem Hörspiel durch einen einlei-
tenden, kurzen Radiobericht verdeutlicht, der die Bevölkerung über
erste Bombenanschläge in Deutschland informiert. Damit die Stimme
des Sprechers authentischer wirkt, habe ich ein Rauschgeräusch im
Hintergrund verwendet und die Stimme etwas distanzierter klingen lassen. Das lyrische Subjekt erträgt das ständige Gerede über den Krieg
nicht mehr und wechselt deshalb mehrfach den Radiosender. Um dies
darzustellen, habe ich ein stärkeres Rauschgeräusch benutzt sowie Melodien, die abrupt wieder abgebrochen werden. Das lyrische Ich schal-
tet nun zu einem monotonen Radiobericht über den Brüllaffen. Damit
das Hörstück eine unterhaltende Komponente erhält, habe ich den Sprecher dieses Tierberichts in einem Dialekt sprechen lassen. Die Stimme
ist bewusst langsam und monoton gestaltet, da sie das lyrische Subjekt
schläfrig machen und schließlich einschlafen lassen soll. Die Stimme
des Radiosprechers wird zunehmend distanzierter, leiser und unverständlicher. Dies markiert den Übergang des lyrischen Ichs in die
Traumwelt, der auch nochmals durch ein Schnarch- und Tauchgeräusch
unterstrichen wird. Dadurch wird auch der Titel des Gedichts *Traum*
aufgegriffen. Das lyrische Subjekt taucht somit in eine neue Welt ein.
Diese wirkt zunächst reizvoll, bezaubernd, schön und vermag dem Ich
Harmonie und den ersehnten Frieden versprechen. Die friedliche At-

Der Klang von
Traum

mosphäre habe ich durch ein leises Windrauschen, ein Buschrascheln, Vogelgezwitscher, ein leises, plätscherndes Wasserrauschen sowie eine harmonische, traumhafte Klaviermelodie dargestellt. Die Traumwelt zieht das lyrische Ich völlig in ihren Bann. Für die himmlischen Düfte, die das lyrische Subjekt wahrnimmt, habe ich das Sprühgeräusch eines Parfüms verwendet. Die geflüsterten Verse „Blüten gehren" (Vers 4) und „Düfte spritzen" (Vers 5) sollen die geheimnisvolle Wirkung des traumhaften Ortes verstärken und die Begeisterung des lyrischen Subjekts für alle unbekannten und neuen Phänomene der Traumwelt zeigen. Den radikalen Wechsel von einer friedlichen und harmonischen zu einer gefährlichen und düsteren Atmosphäre markieren Regen- sowie Windgeräusche, die immer lauter werden. Es folgen ein bedrohlicher Sturm und ein starkes Gewitter. Die Grenzen zwischen der Traumwelt sowie der Realität scheinen zu verschwimmen und beide Welten werden zerstört. Dies habe ich durch das Zerknüllen und Zerreißen von Papier, das Verzerren des Radioberichts, Zerstörungsgeräusche im Hintergrund sowie verzweifeltes Schreien von Menschen, die versuchen, vor den Bombenangriffen zu fliehen, dargestellt. Die Gefahr für das lyrische Subjekt wird immer größer, was durch ein Bombenwarnsignal deutlich wird, das im Hintergrund immer lauter wird. Das lyrische Subjekt kann der grausamen Realität nicht entkommen und die erhoffte Flucht in die Traumwelt scheitert, da die Bombe einschlägt. Dies habe ich durch ein Explosionsgeräusch dargestellt. Der Radiobericht des Brüllaffen wird wieder aufgegriffen, gestaltet sich jedoch immer verzerrter und unverständlicher, bis er schließlich völlig abbricht. Dadurch wollte ich nochmals die Zerstörungsgewalt des Krieges aufzeigen. Für den Abschluss meines Hörstücks habe ich den letzten Vers des Gedichtes verwendet, diesen flüsternd gesprochen und wiederholend sowie überlappend zusammengeschnitten. Der Vers markiert somit nicht nur das Ende des Gedichtes, sondern auch meines Hörstücks und könnte für den Tod des lyrischen Subjektes stehen. Die Stimme wird immer leiser bis zur völligen Stille, was für offene Interpretationen des Endes sorgen und die Kreativität der Hörer*innen anregen soll.

Textstruktur	Akustische Struktur	Funktion
	Einleitende Melodie des Radiosenders Rauschgeräusch des Radios im Hintergrund Stimme: „Erste Bombeneinschläge im Westen Deutschlands versetzen die Bevölkerung in Angst und Schrecken. Die Briten haben (…)"	Einführung in den Radiobericht/das Hörstück | Schilderung der gefährlichen Realität des lyrischen Subjekts (Kriegszeit)
	seufzendes lyrisches Ich: „Nicht schon wieder", dann starkes Rauschen und Anfänge von Melodien, die unterbrochen werden	Lyrisches Subjekt erträgt die grausame, gefährliche Realität nicht mehr und wechselt mehrfach den Radiosender.
	monotone, langsame Stimme: „Der Brüllaffe gilt als das lauteste Landtier (...)" | Lyrisches Subjekt gähnt erst, dann schnarcht es. | Radiostimme wird immer leiser, überlappend. | Geräusch des Abtauchens	Lyrisches Subjekt hört sich einen monotonen Bericht über den Brüllaffen an. Es wird müde und schläft ein. Geräusch des Abtauchens markiert den Übergang in die Traumwelt. → Flucht aus der Realität, Eintauchen in neue Welt
Durch die Büsche winden Sterne Augen tauchen blaken sinken	leises, entspannendes Windrauschen, eine leichte Brise	Lyrisches Subjekt taucht in eine ihm fremde, friedliche traumhafte Welt ein.
	Büsche rascheln, Vögel zwitschern	Kontrast zu lauten, bedrohlichen Geräuschen in der Realität
	Lyrisches Ich spricht: „Wie schön es hier ist."	Traumwelt zieht lyrisches Ich in ihren Bann.

Textstruktur	Akustische Struktur	Funktion
Flüstern plätschert	leises Wasserplätschern	Etablieren einer ruhigen, friedlichen, melodischen Atmosphäre
	harmonische, traumhafte Klaviermelodie	Lyrisches Subjekt fühlt sich sicher, kann loslassen.
Blüten gehren Düfte spritzen	Sprühgeräusch eines Parfumflakons	akustische Vergegenwärtigung der himmlischen Düfte in der Traumwelt
	geflüstert: „Blüten gehren, Düfte spritzen"	geheimnisvolle Wirkung, Entdeckung des Unbekannten
Schauer stürzen	Wasserrauschen wird immer stärker und lauter, bis hin zu einem bedrohlichen Gewitter	markiert radikalen Bruch mit friedlicher, harmonischer Atmosphäre
Winde schnellen prellen schwellen	Windrauschen wird immer stärker und lauter zu einem gefährlichen Sturm	bedrohliche, angsteinflößende Atmosphäre
	Stimme fragt: „Was passiert hier?"	Angst, Verzweiflung des lyrischen Ich
Tücher reißen	Zerknüllen, Zerreißen von Papier verzerrter Radiobericht	Traum und Realität mischen sich | beide Welten werden zerstört
	Geräusche des Zerstörung	Darstellung der Gefahr, der Verzweiflung und des Chaos des Krieges
	zunehmend lautere Schreie	Menschen aus der Realität, die versuchen vor den Bombenangriffen zu fliehen.

Textstruktur	Akustische Struktur	Funktion
Fallen schrickt in tiefe Nacht.	lauter werdende Warnsirene	Lyrisches Subjekt kann der Realität nicht entkommen, Flucht in die Traumwelt scheitert.
	Geräusch einer Explosion	Ausbruch des Krieges, Bombe schlägt ein
	Rauschen des Radiosenders bricht ab	Zerstörung durch Bombenexplosion
	Wiederholend geflüstert: „fallen schrickt in tiefe Nacht" – immer leiser werdend bis zur völligen Stille.	Letzter Vers zeigt das Ende des Gedichts und des Hörstücks an.
	ausblenden	Tod des lyrischen Subjekts?

Der germanistische Blick

Die Motive in *Traum* teilen sich, so die Fachliteratur, in die zwei Bereiche Natur und Traum, wobei sich beide mischen und keiner sich eindeutig manifestiere. Es sei ein erotischer Traum, der mit einem Sturz aus dem Bett ende, welcher beim lyrischen Ich wiederum für Entsetzen sorge.

Eine Mischung von Traum und Natur inszeniert auch Leonie Bender. Ihr Stück erhält den Rahmen einer Kriegssituation, aus der sich das lyrische Ich herausträumt. Doch der erträumte naturmagische Ort bietet keine Sicherheit, sondern wandelt sich zu einem Alptraum, wenn die Realität in ihn einbricht. Am Ende stürzt das lyrische Ich sicherlich ebenfalls mit Entsetzen in die Dunkelheit.

ZwistZwist
istZwis
wistZw

Gallen foltern bäumen lösen
Knirschen zürnen meiden Haß
Zittern stampfen schäumen grämen
Suchen beben forschen bang
Wenden zagen schauen langen
Stehen rühren seufzen gehn
Streicheln klagen
Kosen schelten
Schämen schmäht
Und
Fliehen wirbt
Schmiegen wehret
Armen sträubet
Quälen küßt
Vergessen
Lacht!

August Stramm

wistZwistZw
tZwistZwistZ
istZwistZwis

von Theresa Gronimus

Hören will gelernt sein.

> Umgebung: wirkt unklar und verschwommen
  keine klaren Details, nur An-
  deutungen v. Formen & Schatten
> Atmosphäre: düster
  (daher denke ich an Farben
  wie grau, schwarz, dunkelrot)
  └> beklemmende Atmosphäre

Diese Assoziationsbilder ergeben sich für
mich aus d. Sprache d. Gedichts und
d. starken, kraftvollen Verben, die verwendet werden

5) Textbilder
 • „Gallen foltern bäumen lösen"
   -> Bild v. inneren Quaden & folgende
      Befreiung
 • „knirschen zürnen meiden Haß"
   -> Bild von Zorn, Ablehnung & Hass
 • „Zittern, stampfen schäumen grämen"
   -> Bild v. Angst, heftiger Bewegung
 • „suchen beben forschen bang"
   -> Bild v. suchen, zittern & ängstlicher
      Erkundung
 • „Wenden zagen schauen bangen"
   -> Bild v. Unsicherheit & Sehnsucht
 • „Stehen ruhen seufzen gehn"

Randnotizen (am Bundsteg abgeschnitten):
subjektive
zagießen
t cha in
).
ungen
titel a.
twist"

Hennive
darsetzung
var, die in
n od. in
andschaft

en sind
ftvoll
ichen wie
verzweiflung
ma in einem
Ausnahme

Zwist

von Theresa Gronimus nach August Stramm

August Stramms Gedicht *Zwist* zeichnet ein komplexes Bild menschlicher Emotionen und Konflikte durch eine Aneinanderreihung von Verben. Das Gedicht verwendet eine dichte und ausdrucksstarke Sprache, um eine Vielzahl von Gefühlen und Handlungen zu vermitteln, die auf zwischenmenschliche Beziehungen und innere Konflikte hinweisen.

Sprich deutlich!

Das Gedicht besteht fast ausschließlich aus Verben, die oft keine klaren, direkten Bilder ergeben. Des Weiteren verzichtet Stramm auf vollständige Sätze und verwendet ausschließlich einzelne Wörter oder Wortgruppen. Dadurch kann es anfangs zu Verständnisproblemen kommen und dem Leser wird die Interpretation erschwert. Außerdem gibt es keine offensichtlichen Hinweise auf den Kontext oder die Situation, in der die beschriebenen Handlungen und Gefühle stattfinden. Dies wird auch durch die starken emotionalen Zustände unterstützt. Diese Zustände sind oft widersprüchlich oder schwer miteinander zu verbinden. Daher können beim ersten Lesen einige Verständnisprobleme auftreten. Setzt man sich jedoch intensiver mit dem Gedicht auseinander, bekommt man eine Zugänglichkeit und ein Verständnis für dieses.

Fragen über Fragen...

Mithilfe des Fragenkatalogs konnte man einen anderen Zugang zu dem Gedicht erlangen, denn durch die vorliegenden Fragen hatte man Anhaltspunkte, die nützlich zur Beantwortung offener Fragen in Bezug auf das Gedicht waren. Ferner konnte man dadurch Verständnisprobleme lösen. Daher war der Fragenkatalog eine große Hilft bei der Erarbeitung einer Deutung des Gedichts. Zusätzlich hat der Fragenkatalog dazu beigetragen, verschiedene Sichtweisen und Ansätze in Bezug auf den Text zu entwickeln.

...und Antworten

Das Gedicht besteht aus einer Reihe von Verben, die in aufeinanderfolgenden Zeilen ohne syntaktische Verbindung angeordnet sind. Durch diese Struktur vermittelt das Gedicht eine vielfältige Anzahl intensiver

Emotionen und Handlungen. Durch fehlenden Subjekte und Objekte kann sich der Leser auf die Verben konzentrieren, wodurch die Emotionen und Handlungen im Gedicht intensiver in den Vordergrund treten.

Stramm beginnt *Zwist* mit starken, negativen Emotionen – „Knirschen zürnen meiden Haß". Diese Worte evozieren sofort Bilder von Konflikten. „Knirschen" und „zürnen' suggerieren Ärger, während „meiden Haß" die daraus resultierenden Gefühle beschreibt. Im Gegensatz dazu zeigen sich im Verlauf des Gedichts auch ‚liebevollere' Momente wie „Streicheln klagen" und „Kosen schelten". Diese Dualität hebt die Komplexität menschlicher Emotionen hervor. Die Verben „streicheln" und „kosen" vermitteln Zärtlichkeit und Intimität, während „klagen" und „schelten" mögliche Konflikte innerhalb einer Beziehung andeuten. Durch diese Gegensätze wird die Vielschichtigkeit von Emotionen deutlich. Stramm verwendet zahlreiche Verben, die physische Bewegungen und Handlungen andeuten, um die innere Unruhe und den Drang nach Veränderung auszudrücken. So beispielsweise „Zittern stampfen schäumen grämen" und „Suchen beben forschen bang". Diese Worte beschreiben körperliche Reaktionen, wobei „Zittern" und „stampfen" auf intensive emotionale Reaktionen hinweisen, während „schäumen" und „grämen" tiefere, anhaltende Gefühle von Ärger und Kummer suggerieren. Des Weiteren beinhaltet das Gedicht viele Verben, die Bewegungen beschreiben. „Wenden zagen schauen lagen" und „Stehen rühren seufzen gehn" spiegeln die mögliche Unsicherheit wider. „wenden" und „zagen" zeigen ebenfalls eine Unsicherheit, während „schauen" und „langen" ein Verlangen nach Veränderungen darstellen könnten.

Ein zentrales Thema des Gedichts sind die Vergänglichkeit und der Wandel. In den abschließenden Zeilen des Gedichts wird ein ständiger Wandel menschlicher Emotionen und Handlungen vollzogen. In den letzten Zeilen, „Fliehen wirbt / Schmiegen wehret / Armen sträubt / Quälen küßt / Vergessen / Lacht!", fängt Stramm viele verschiedene Erfahrungen ein, die ein Mensch im Laufe des Lebens macht. Die verschiedenen Verbpaare zeigen die Gegensätze zwischen Nähe und Distanz, Trost und Widerstand, Schmerz und Liebe. Die Ambivalenz dieser Begriffe unterstreicht die Unbeständigkeit und Komplexität menschlicher Beziehungen. Die abschließenden Verse „Vergessen / Lacht!" könnten als eine Art Auflösung oder Erlösung gesehen werden, die das Lachen als Überbleibsel einer emotionalen Reise darstellt. Es impliziert, dass trotz aller Konflikte und Schwierigkeiten, die Fähigkeit zu lachen und zu vergessen letztlich überwiegt.

August Stramms Gedicht *Zwist* ist eine kraftvolle und verdichtete Darstellung menschlicher Emotionen und Konflikte. Durch die gezielte Verwendung von Verben und die rhythmische Struktur gelingt es Stramm, die Intensität und Vielschichtigkeit zwischenmenschlicher Beziehungen einzufangen. Die Gegenüberstellung von emotionalen Extremen, die Darstellung von physischer Gegenüberstellung und die Thematisierung der Vergänglichkeit machen das Gedicht zu einem eindrucksvollen und intensiven Erlebnis menschlicher Erfahrungen.

Textstruktur	**Akustische Struktur**	**Funktion**
Gallen foltern bäumen lösen	tiefe, raue Stimme spricht langsam, bedrohlich knirschende, dampfende Geräusche Spannungsreiche, dramatische Musik	erzeugt Spannung
Knirschen zürnen meiden Haß	Knirschen und lautes Zischen	
Zittern stampfen schäumen grämen	schnelle, hektische Sprechweise stampfende Schritte leichtes Vibrieren	Zeigt die Unsicherheit, die in verschiedenen Situationen auftreten kann.
Suchen beben forschen bang	Geräusch des Suchens, Kramens (hektisch)	Suche nach Lösungen in Konflikten oder Missverständnissen
Wenden zagen schauen langen	zögernde, nachdenkliche Stimme Geräusche, die ein Drehen verdeutlichen	Nachdenklichkeit und Unsicherheit in menschlichen Beziehungen

Textstruktur	Akustische Struktur	Funktion
Stehen rühren seufzen gehn	Seufzen, langsame Schritte	unangenehme Situation
Streicheln klagen	sanfte, beruhigende Stimme weiche Töne	
Kosen schelten	leises Murmeln, dann scharfer Ausruf	Nachdenklichkeit
Schämen schmäht	leises Schluchzen	unangenehme Situation
Und	betont gesprochen Stille	Das betonte „Und" sowie die Stille sollen die Zuhörenden dazu anregen, das Gehörte zu reflektieren.
Fliehen wirbt	Schritte, die sich rennend entfernen	Weglaufen aus unangenehmen Situationen
Schmiegen wehret	entschlossene Stimme	Annäherung nach Konflikt
Armen sträubet	sanfte Stimme Windgeräusch	Versöhnung nach Konflikten oder Missverständnissen
Quälen küßt	leises Schnaufen, Küsse	Versöhnung
Vergessen Lacht!	lauter, freudiger, fröhlicher Ausruf	Auflösung menschlicher Konflikte

Der germanistische Blick

Laut literaturwissenschaftlichen Analysen zeigt das Gedicht zwei sich streitende und versöhnende Liebende. Es spiegle den Umbruch von einem Ablehnungs- und Hassgefühl zu einer erneuten Annäherung. Die Verse dienen, so heißt es, als eine Art Kompendium von möglichen Handlungen in einem Streit, die je nach Position vollzogen werden könnten.

Der Kompendium-Gedanke prägt die geplante Inszenierung von Theresa Gronimus. Auch sie nimmt die zahlreichen intensiven Emotionen und Handlungen wahr. Es geht ihr um die Darstellung einer inneren Unruhe oder Unsicherheit, die sich in vielen Verben der Bewegung spiegeln und der Komplexität menschlicher Beziehungen Ausdruck verleihen. Leider wurde die Hörskizze nicht akustisch umgesetzt.

Verzweifel

Droben schmettert ein greller Stein
Nacht grant Glas
Die Zeiten stehn
Ich
Steine.
Weit
Glast
Du!

August Stramm

Verzweifelt

von Rae Tornatore

Der Kurs war kreativ recht herausfordernd, doch hat er mir dabei geholfen, meine künstlerische Komfortzone zu erweitern.

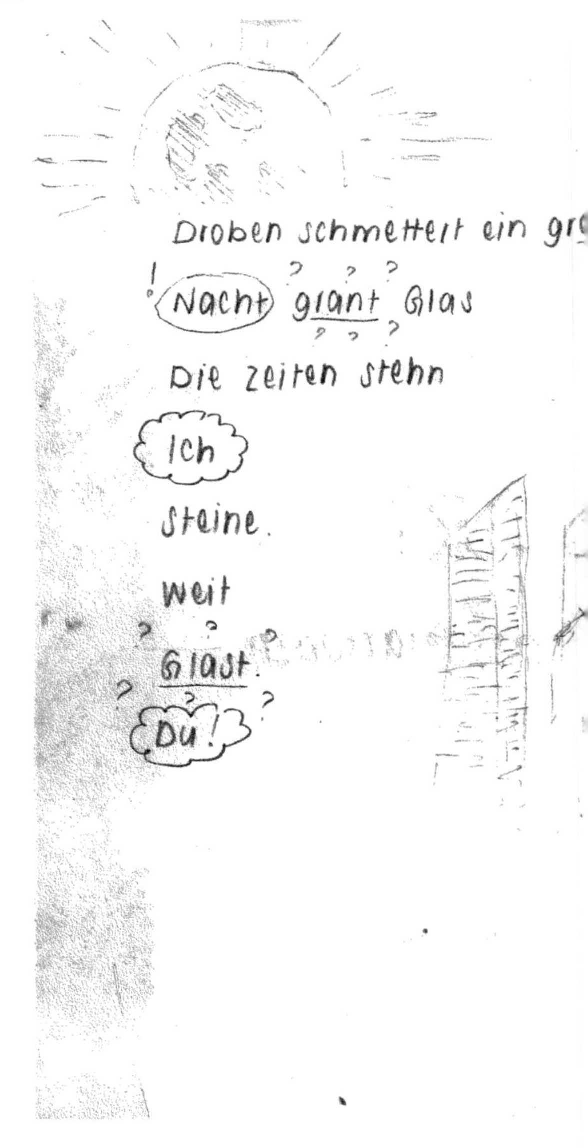

ein
nne! Vollmond!
Du Du Du Du! Du
Du Du Du DU! Du Du
Du Du Du Du
Du. Weit weg.
Weg von mir.

Verzweifelt

von Rae Tornatore nach August Stramm

Während des ersten Leseprozesses war ich zugegebenermaßen vom Gedicht nicht sonderlich begeistert. Dies war allerdings selbstverschuldet, denn ich hatte mich gleich zu Beginn darangesetzt, das Gedicht vollkommen auseinanderzunehmen und zu analysieren, statt es auf mich wirken zu lassen. Sobald ich dies jedoch nachgeholt hatte, war es einfacher, mit dem Gedicht zu arbeiten. Meine Verständnisprobleme hatten sich zu dem Zeitpunkt auf die beiden Wörter „grant" (Vers 2) und „glast" (Vers 7) reduziert. Nach ausgiebiger Recherche und einem Gespräch mit meinem Dozenten wurde mir klar, dass es sich hierbei um zwei Neologismen handelt. Da es hier keine eindeutig festgelegten Bedeutungen gibt, habe ich mir eigene ausgesucht, die zum restlichen Teil meiner Interpretation passen. Die darauffolgende Arbeit mit dem Gedicht verlief problemlos.

Durch die Arbeit mit dem Fragenkatalog habe ich mich sehr gut angeleitet gefühlt. Ferner habe ich einen Einblick darin bekommen, auf was ich alles achten kann und dass ich mir vornehmen sollte, das Gedicht in all seinen Facetten zu analysieren und zu verstehen. Der Fragenkatalog gab mir die Möglichkeit, das Gedicht aus verschiedenen Perspektiven zu betrachten. Da es sich hier um die Umsetzung des Gedichts als lyrisches Kurzhörstück handelt, fand ich insbesondere die Perspektive der Akustik hilfreich. Die Ideen, welche ich dadurch bekam, halfen mir dabei, dem Gedicht mehr Gestalt und Struktur zu geben.

In meiner Interpretation des Gedichts *Verzweifelt* leidet das lyrische Ich an schwerem Liebeskummer, welcher für tiefste Verzweiflung sorgt und es bis tief in die Nacht quält. Die ersten beiden Verse verdeutlichen, dass der Vollmond hoch am Himmel steht und es späte Nacht ist – also eine Uhrzeit zu der Menschen sich in ihren Gedanken verlieren können. Eben dies sorgt dafür, dass die Verzweiflung des lyrischen Ichs die Oberhand gewinnt. „Die Zeiten stehn" (Vers 3) stellt hier eine gute, doppeldeutige Metapher dar. Einerseits könnte sich das lyrische Ich so fühlen, als ob seine gesamte Welt stehen bleibt. Andererseits könnte es sich so fühlen, als würde es sich in Slow-Motion bewegen, während der Rest der Welt an ihm vorbeizieht. Über das gesamte Gedicht erstrecken sich die Gefühle der Verzweiflung und der Sehnsucht bzw. Begierde nach dem lyrischen Du. Jedoch ist diese Person für das lyrische Ich stets unerreichbar. Während sie sich immer weiter entfernt, versteinern die rücksichtslosen Augen des Liebeskummers das lyrische Ich. Es ist vollkommen in seiner Gefühlslage gefangen.

Da der Titel des Gedichts *Verzweifelt* lautet, wollte ich dies als Grundstimmung, die sich durch das gesamte Hörstück zieht, beibehalten. Das Geräusch eines pumpenden Herzens erschien mir eine gute Möglichkeit, eben diese Verzweiflung und eventuelle Aufregung darzustellen. Ebenso stellt es einen guten roten Faden dar, denn man wird anhand der unterschiedlichen Geschwindigkeiten feststellen können, wie sich die Gefühlslage des lyrischen Ichs zuspitzt.

Der Klang von Verzweifelt

Zu Beginn des Gedichts habe ich mir überlegt, ein „Du" einzufügen, welches geflüstert und mehrfach wiederholt werden soll. Dies veranschaulicht, dass wir uns im Kopf des lyrischen Ichs befinden, welches an nichts anderes als das lyrische Du denken kann. Wir bekommen also einen direkten Einblick in seine Gedankenwelt.

Die folgende Rezitation der einzelnen Verse ist eher erzählerisch angelegt, um einen inneren Monolog darzustellen. Ab Vers 1 beginnt dramatische Musik und es setzen das leise Ticken einer Uhr sowie ein leiser Herzschlag ein. Diese drei akustischen Strukturen dienen dem Spannungsaufbau sowie der Versetzung in die Gefühlslage des lyrischen Ichs und der beginnenden Aufregung. Da es sich bei „grant" (Vers 2) um einen Neologismus handelt, habe ich diesen durch ein dramatisches Dröhnen ersetzt. Das Geräusch soll den Schein des Vollmondes, der gegen das Fensterglas knallt, darstellen. Ab hier werden sowohl das Ticken als auch der Herzschlag konstant lauter. Letzterer wird zusätzlich schneller. Die Spannung soll somit steigen und die Verzweiflung und Aufregung zunehmen. In Vers 3, „Die Zeiten stehn", stoppt das Ticken abrupt. Danach setzt eine kurze Pause bzw. Stille ein. Dies dient der

Verdeutlichung des Geschehens im Text. „Ich" (Vers 4) ist hallend eingesprochen und mit einem Echo unterlegt. Man könnte ebenso mehrere Aufnahmen übereinander legen, um erneut darzustellen, dass wir uns immer noch im Kopf des lyrischen Ichs befinden.

Für Vers 5, „Steine", habe ich mir überlegt, ein paar Wörter dazuzudichten, um hier eine Steigerung darzustellen. Dafür habe ich mir zuerst das Wort „Stein" ausgesucht, welches leise und beinahe flüsternd gesprochen wird. Danach folgt „Steine" (Vers 5) in einer normalen Lautstärke. Im Anschluss folgt das Wort „versteine", welches etwas lauter und fester als Vers 5 ist. Diese Steigerung untermalt die weiterhin wachsende Verzweiflung des lyrischen Ichs. Um dies und das Verlangen nach dem lyrischen Du weiter zu veranschaulichen, habe ich mir überlegt, ein laut geflüstertes, sehnsüchtiges „Ich brauche dich!" einzuspielen. Diese Audiospur wird erst mit einem Fade-Out und danach mit einem Fade-In bearbeitet. Dies veranschaulicht, dass sich die Worte an das lyrische Du richten, doch dringen sie nicht durch und kehren zum lyrischen Ich zurück – das lyrische Du ist bereits zu weit vom lyrischen Ich entfernt.

In Vers 6 habe ich mir überlegt, erneut weitere Wörter dazuzudichten, um dem Gedicht mehr ‚Körper' zu verleihen. „Weit" (Vers 6) wird hallend mit einem leichten Fade-Out gesprochen, um die Weite zu veranschaulichen. Kurz darauf folgt eine Sammlung an wirr durcheinander gesprochenen Wörtern: „weiter", „weit weg" „zu weit!", „am weitesten" und „weg von mir". Mit Ausnahme von „zu weit!", welches mit fester Stimme gesagt wird, und „weg von mir", welches sehr verzweifelt klingen soll, werden all diese Wörter geflüstert. Ab hier wird der Herzschlag immer lauter und schneller. All dies veranschaulicht die stets zunehmende Verzweiflung des lyrischen Ichs. Vers 5 und Vers 6 stellen somit also den Höhepunkt des Gedichts dar, denn dieser wurde in den vorherigen Versen aufgebaut und soll nun ab Vers 7 wieder abklingen. Da es sich bei dem Wort „glast" (Vers 7) um einen weiteren Neologismus handelt, und es demnach keine feste Bedeutung besitzt, habe ich „und verblasst" eingefügt. Diese Worte sollen flüsternd und beinahe schon resigniert klingen, um zu veranschaulichen, dass das lyrische Du nicht erreichbar ist.

Um die weiter anhaltende Sehnsucht und Begierde darzustellen, habe ich „Du!" (Vers 8) laut und verzweifelt sowie in verschiedenen Lautstärken wiederholt eingefügt. Kurz darauf folgt eine kurze Sequenz, in welcher der Herzschlag schneller und teilweise auch irregulärer wird. Hier werden noch einmal die Aufregung und die innere Zerrissenheit des lyrischen Ichs deutlich.

Um dem Gedicht einen runden Abschluss zu verleihen, habe ich einen eigenen letzten Absatz mit drei Versen eingefügt. „In der Ferne" ist etwas leiser als Vers 8 und klingt hallend. Dies veranschaulicht die Ferne und den Unterschied im Standort bzw. der Beziehungslage zwischen beiden lyrischen Personen. „Weit, weit weg von mir" ist ebenso leise und klingt ein wenig resignierend. Erneut wird klar, dass das lyrische Du nicht erreichbar ist. „Ich wünschte, du wärst hier" wird geflüstert und klingt sehnsüchtig, denn dieser Satz zeigt eben diese Sehnsucht sowie ein gewisses Verlangen. Damit das Hörstück nicht abrupt endet, klingt der Herzschlag nach diesen dazu gedichteten Versen aus. Es kann ein Anzeichen dafür sein, dass das lyrische Ich in Reaktion auf all diese starken Gefühle einschläft.

Textstruktur	Akustische Struktur	Funktion
	geflüstert, wiederholt und mehrfach überlagernd: „Du"	Verlangen des lyrischen Ichs nach dem Du – im Kopf des lyrischen Ichs
Droben schmettert ein greller Stein	erzählerisch gesprochen dramatische Musik setzt ein leises Ticken einer Uhr leiser Herzschlag	innerer Monolog | Spannungsaufbau und Blick ins Gefühlsleben des lyrischen Ichs | Aufregung beginnt
Nacht grant Glas	„grant" wird durch dramatisches Dröhnen ersetzt Ticken wird lauter, Herzschlag wird lauter, schneller	Nacht und der Schein des Vollmondes knallen gegen das Fensterglas | Steigerung von Aufregung und Verzweiflung
Die Zeiten stehn	Ticken stoppt Stille	verdeutlicht das Stehen der Zeiten
Ich	wiederholend, mehrfach überlagernd, mit Echo gesprochen	im Kopf des lyrischen Ichs
	leise, flüsternd: „Stein"	wachsende Verzweiflung des lyrischen Ichs
Steine.	in normaler Lautstärke	wachsende Verzweiflung des lyrischen Ichs
	lauter und fester als zuvor gesprochen: „Versteine"	wachsende Verzweiflung des lyrischen Ichs
	laut geflüstert, sehnsüchtig: „Ich brauche dich!" Worte blenden aus und danach erneut wieder ein	Verzweiflung, Sehnsucht, Verlangen, Begierde | Worte richten sich an das Du, doch dringen sie nicht durch und kehren zum lyrischen Ich zurück.
Weit	hallend und zum Ende hin ausblendend	Veranschaulichung von Weite

Textstruktur	Akustische Struktur	Funktion
	Wirr durcheinander, leise bis geflüstert: „Weiter, weit weg, zu weit!" Dann fester: „Zu weit!" Dann verzweifelt: „Weg von mir!" Herzschlag lauter und schneller werdend	zunehmende Verzweiflung des lyrischen Ichs
Glast	geflüstert, resigniert klingend	Sehnsucht und Verlangen nach dem Du, das nicht erreichbar ist
	geflüstert, resigniert klingend: „und verblasst"	Sehnsucht und Verlangen nach dem Du, das nicht erreichbar ist
Du!	laut, verzweifelt, in verschiedenen Lautstärken wiederholt schneller, teils unrhythmischer Herzschlag	Verzweiflung, Sehnsucht, Verlangen, Begierde | Aufregung, innere Zerrissenheit
	etwas leiser als zuvor: „in der Ferne"	Darstellung der Ferne und des Unterschieds im Standort bzw. der Beziehung zwischen beiden.
	leise, resignierend: „weit, weit weg von mir"	Unerreichbarkeit des Du
	geflüstert, sehnsüchtig: „Ich wünschte, du wärst hier."	Sehnsucht, Verlangen
	Herzschlag blendet aus	Lyrisches Ich schläft ein.

Der germanistische Blick

Zu diesem Gedicht gibt es kaum Referenzen in der Fachliteratur. Beschrieben werde ein lyrisches Ich, das Steine gegen das Fenster des Du werfe, wobei das Glas für die Trennung zwischen beiden stehe. Im Text drücke sich in der Folge eine unerfüllte Sehnsucht aus.

Rae Tornatores Hörskizze beschreibt ein lyrisches Ich, das an Liebeskummer leidend zu nächtlicher Stunde in seiner Kammer sitzt. Die Gedanken kreisen, die Verzweiflung wächst, die Zeit scheint stillzustehen. Doch das Du bleibt unerreichbar fern. Durch die geplanten Erweiterungen wie „Stein" und „versteine" wird das im Text angelegte Moment des Sehnens noch verstärkt. Eine Umsetzung wäre auf jeden Fall hörenswert gewesen.

Der kleine Wissenshappen Nr. 4

Es ist in der Fachliteratur unstrittig, dass August Stramms Verleger, Herwarth Walden, einen größeren Einfluss auf die Werke des Dichters hatte. Wie groß dieser Einfluss tatsächlich war, lässt sich nur noch bedingt aus Briefen und Aussagen von Zeitgenoss*innen rekonstruieren. Über den Liebeslyrikzyklus *Du. Liebesgedichte* ist bekannt, dass seine endgültige Form nicht von Stramm festgelegt wurde. Sehr wahrscheinlich hat Walden hier editorisch eingegriffen und über die vorliegende Anordnung entschieden. So ergibt es sich zumindest aus einem Brief, den Stramm von der Front in Frankreich bei Chaulnes am 14. Februar 1915 an Nell und Herwarth Walden nach Berlin schickte. Darin beschreibt er nicht nur den Krieg und die vielen Toten in einem drastischen Bild als Auslage einer Fleischerei, sondern äußert auch, dass ihn die frisch veröffentlichte Sammlung der Liebesgedichte erreicht habe. Der Brief weist bereits die zunehmend assoziative Schreibweise des Autors auf, die Kriegseindrücke und Erlebnisse von der Front oft ohne Punkt und Komma aneinanderreiht:

> Trotz Finsternis, Regen, Donnern, Krachen ringsum ich mußte das Paket öffnen in einem Erdloch auf dem Bauche liegend, damit es nicht naß wurde Und ein erstohlenes Kerzenlicht dazu vor das sich mein Bursche legen mußte, damit es für den Feind kein Zielpunkt wurde. mit seinem Schein. Und dann aus der Feldflasche Kaffee über die Finger gegossen oder Fingerspitzen um es nicht zu sehr zu beschmutzen. Ich glaube es sind nur wenige Liebesgedichte zum erstenmal so geöffnet worden. Ich war entzückt und heute am Tage sehe ich es vor mir. Ich bin entzückt. Habt Dank! Innigen Dank. Ihr Beiden! Wer hat die Reihenfolge zusammengestellt? herrlich, wunderbar! So voll Verständnis und Sinn. Ich hätte es nie so gekonnt. Dank. Dank. Jetzt geht die Schießerei schon wieder los. Dank für alles für das ganze Buch! Die Ausstattung, Anordnung, Alles! Ich muß raus! Lebt wohl!

Umgekehrt nahm aber auch Stramm starken Einfluss auf den sogenannten STURM-Kreis rund um die gleichnamige Zeitschrift Waldens, die als wichtiges Publikationsorgan expressionistischer Literatur gilt. Die in Aufsätzen und Manifesten veröffentlichte Programmatik in Bezug auf literarisches Schreiben wurde maßgeblich an den Werken Stramms ausgerichtet.

Schreiten Streben
Leben sehnt
Schauern Stehen
Blicke suchen
Sterben wächst
Das Kommen
Schreit!
Tief
Stummen
Wir.

August Stramm

Schwermut

von Marek Diederich

**Wichtige Eigenschaften
sind Kreativität, Vorstellungskraft und viele Stimmen (im Kopf)!**

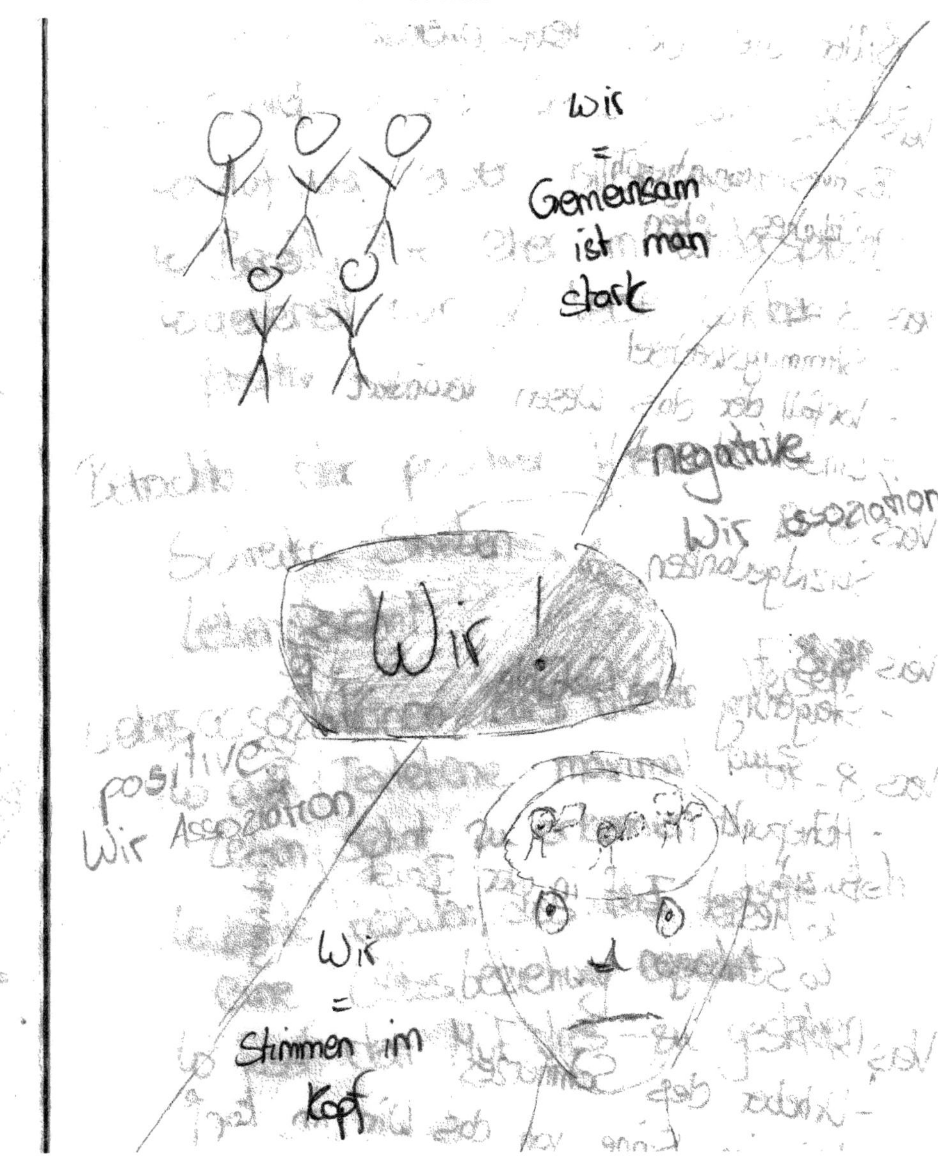
Wir
=
Gemeinsam
ist man
stark
negative
Wir Assoziation
Wir!
positive
Wir Assoziation
Wir
=
Stimmen im
Kopf

Schwermut

von Marek Diederich nach August Stramm

Meine erste Leseerfahrung mit dem Gedicht lässt sich am besten mit dem Wort ‚verwirrend' beschreiben. Die Struktur und der Aufbau des Gedichtes haben mich an allem Zweifeln lassen, was ich zuvor über Gedichte gelernt hatte. Daraus resultierend entwickelte sich in meinem Kopf zunächst eine Art Hilflosigkeit, wie ich es schaffen soll, aus diesem Gedicht ein Hörspiel zu fertigen. Nachdem ich diese Krise überwunden hatte, konnte ich mich endlich auf das Gedicht fokussieren und ich begann, die Verse als einzelne Teile zu betrachten, anstatt das Gedicht als großes Ganzes. Diese Einzelbetrachtung half mir, einen besseren Zugang zum Inhalt zu finden, und ich konnte erste Bilder in meinem Kopf projizieren. Obwohl mir der Stimmungskontrast zwischen den ersten und den letzten Versen des Gedichtes relativ schnell bewusst wurde, warf mich die Information, dass es sich bei dem Gedicht um ein Liebesgedicht handelt, ein wenig aus der Bahn, da dies nicht zu meiner Deutung des Werkes passte. Diese Zweifel meiner Deutung verwarf ich allerdings relativ schnell und somit konnte ich unbeirrt mit dem Gedicht weiterarbeiten.

Sprich deutlich!

Zu Beginn meiner Arbeit dachte ich, der Fragenkatalog würde mir eine große Erleichterung bereiten, besonders aufgrund meiner ursprünglichen Unsicherheit bzgl. des Gedichts. Allerdings bemerkte ich bereits bei der ersten detaillierten Betrachtung, dass die Arbeit mit dem Fragenkatalog nichts für mich ist. Die Fragen an und für sich wirkten zwar wirklich hilfreich, um den Prozess zu unterstützen, und folgten dabei auch einer logischen Struktur, allerdings arbeite ich bei kreativen Arbeitsprozessen lieber frei nach meinem eigenen Gefühl und nicht an ein bestimmtes Muster gebunden. Jedoch haben die Fragen aus dem Katalog zu Beginn einen groben Anhaltspunkt für mein Verständnistagebuch geboten. Nachdem ich mich endgültig von dem Katalog distanziert hatte, habe ich mich im weiteren Verlauf darauf konzentriert, wel-

Fragen über Fragen...

che Bilder und Assoziationen sich in meinem Kopf bilden. Wichtig bei meiner Arbeit war dabei die Fokussierung auf Schlüsselwörter des Gedichtes.

August Stramm hat eine Sammlung von verschiedenen Liebesgedichten geschaffen. Eines dieser Gedichte ist auch sein Werk *Schwermut*. Auch in meiner Deutung des Gedichtes habe ich mich mit den Aspekten eines Liebesgedichtes auseinandergesetzt, dies aber direkt verworfen. Das Gedicht beinhaltete für mich persönlich einiges, jedoch keine Liebe. Was direkt auffiel, war der Kontrast zwischen den ersten beiden Versen und dem Rest des Gedichtes. Der Start wirkt noch sehr positiv. Dies habe ich als Mut der Hauptperson gedeutet, die sich nach langem Hin und Her dazu durchringt, einer weiblichen Person seine Liebe zu gestehen. Für den weiteren Verlauf des Hörspiels ist der letzte Vers des Gedichtes ausschlaggebend. Das „Wir!" des lyrischen Ichs sprang mir direkt ins Auge und schrie mir das Wort ‚Schizophrenie' entgegen. Ich hatte sofort den Gedanken, mit dieser Schizophrenie zu spielen, und mein Hauptaugenmerk lag darauf, einen Weg zu finden, diese möglichst deutlich im Hörspiel einzubauen. Deshalb ist die Schizophrenie das Hauptmerkmal meines Hörspiels und zieht sich beinahe durch die ganze zweite Hälfte. Sie bewirkt einen inneren Konflikt der Hauptperson mit den Stimmen in seinem Kopf, die durch verschiedene übereinander liegende Versionen des Gedichtes gemischt mit dem Wort „Wir" dargestellt werden. Am Ende verliert die Hauptperson diesen Konflikt allerdings.

Zu Beginn meines Hörspiels habe ich mich für leise, melancholische Klänge entschieden, die ich über meine Rezitation des Textes gelegt habe, um die Schwermut im Gedicht zu verdeutlichen.

Für den Beginn des eigentlichen Hörstücks habe ich mich für spielende Kinder im Hintergrund entschieden, um zu zeigen, dass die Personen sich an einem belebten, öffentlichen Platz bewegen. Im nächsten Abschnitt des Hörspiels habe ich ein Herzklopfen über den inneren und normalen Dialog der Hauptfigur gelegt, um deren Nervosität und Angst vor der Situation zu zeigen. Über den Sturz habe ich ein zusätzliches Geräusch des Fallens gelegt, um deutlich zu machen, woher das Lachen der Menge stammt. Nach dem inneren Monolog der Hauptfigur habe ich zunächst verschiedene Rezitationen des Gedichtes übereinandergelegt. Diese werden im weiteren Verlauf durch verschiedene Ausführungen des Wortes „Wir" unterstützt und zusätzlich mit einer dramatischen Musik unterlegt, um die Schizophrenie, das Verrücktwerden und den inneren Kampf der Hauptfigur deutlich zu machen. Auf dem Höhepunkt dieser Sequenz folgt ein langer, gequälter Schrei, gefolgt von dem Geräusch eines Stiches, um den Ausgang des Kampfes und den daraus resultierenden Selbstmord zu zeigen. Daraufhin haucht die Hauptfigur im Todeskampf ein letztes „Wir", während sie an ihrem eigenen Blut erstickt. Zum Abschluss habe ich mich für eine ruhige Musik entschieden, um die Tragödie am Ende des Hörspiels akustisch zu verarbeiten.

Textstruktur	Akustische Struktur	Funktion
Rezitation des Gedichts	langsame, melancholische Hintergrundmusik	Musik soll auf die Atmosphäre des Stücks einstimmen.
Schreiten Streben	innere Gedanken der Hauptfigur | Geräusch spielender Kinder | abwertendes Gespräch über die Hauptfigur zwischen zwei weiblichen Figuren im Hintergrund	Hauptfigur ringt mit sich und seiner Entscheidung. | belebte Kulisse
Leben sehnt	innere Gedanken der Hauptfigur Herzklopfen	Nervosität und Angst, aber auch ein schönes Gefühl – alles Liebe
Schauern Stehen	abwertende Äußerungen der weiblichen Figuren Geräusch eine Sturzes	Stimmungswechsel durch abwertende Äußerungen Gefühl der Liebe wird zerstört
Blicke suchen	Lachen einer Menschenmenge	Peinlichkeit Aufmerksamkeit liegt auf Hauptperson, Gelächter und Blicke schmerzen tief

Textstruktur	Akustische Struktur	Funktion
Das Kommen	gesprochenes „Ihr" | wiederholende Sequenzen, in denen das Gedicht rezitiert wird dazwischen in verschiedenen Stimmungen gesprochenes „Wir"	Betonung des Wortes „Ihr" zeigt Willenlosigkeit und Abhängigkeit Stimmen und Rezitation verweisen auf beginnenden Wahnsinn
Wir.	wiederholend, mehrfach überlagernd:„Wir"	symbolisiert die Schizophrenie der Hauptfigur | Baut sich langsam auf, um Wahnsinn zu einem Höhepunkt zu treiben.
Schreit!	langgezogener Schrei	zeigt den inneren Schmerz
Sterben wächst Tief	Geräusch eines Messerstoßes und Ersticken an Blut geröchelt: „Wir"	letzter Ausweg der Person, sticht sich das Messer tief in die Brust Röchelt mit letzter Kraft das Wort, das Schmerz bereitete. Wir am Ende symbolisiert, dass der Wahn gesiegt hat.
Stummen	Stille	Stille, zeigt Ende und gleichzeitig Erlösung der Hauptfigur
	melancholische Musik	Zeit, um das Gehörte zu verarbeiten.

Der germanistische Blick

Schwermut gehöre in die Reihe der subjektiv-innerweltlichen Gedichte, so die literaturwissenschaftliche Einordnung. Es gehe um den Abbruch von Kommunikation, um das Sehnen des Lebens und Wachsen des Sterbens. Dabei zeige sich eine Vorwärtsbewegung in den Versen 1-2, ein Innehalten in den Versen 3-7 und ein dramatisches Abfallen mit Reaktion auf die Situation in Vers 8-10. Der Titel verweise auf einen depressiven Gemütszustand, dem im ersten Vers noch eine selbstsichere, zielgerichtete Gangart entgegenstehe. Die Selbstsicherheit aber zerfalle bzw. sterbe zusehends.

Die oben beschriebenen Blöcke von Vorwärtsbewegung, Innehalten und dramatischem Abfall erklingen in Marek Diederichs Hörstück, das den Text in die Gegenwart transferiert, indem ein missglückter Annäherungsversuch vertont wird. Die Folge dieses Missgeschicks ist hier jedoch nicht nur der Verlust der Selbstsicherheit des lyrischen Ichs, sondern damit einhergehend auch dessen Zerfall in viele Einzelteile – die Wir –, was am Ende zu seinem Selbstmord führt.

Der kleine Wissenshappen Nr. 5

Es sind von August Stramm nur zwei Prosa-Fragmente überliefert, von denen eines den Titel *Der Letzte* trägt. Darin geht es um einen Soldaten, der als letzter einer Gruppe von Kämpfern fällt. Der Text fasst das Geschehen aus der Perspektive eben dieses Soldaten in Form eines Bewusstseinsstroms zusammen. Entstanden ist das Fragment vermutlich im Frühjahr 1915.

August Stramm selbst befand sich zum Zeitpunkt seines Todes am 01. September 1915 in den Rokitno-Sümpfen südlich von Brest-Litowsk. Er starb an diesem Tag durch einen Kopfschuss verwundet als letzter seiner Kompanie – eine erstaunliche Parallele zu *Der Letzte*.

Die Hände strecken
Starre bebt
Erde wächst an Erde
Dein Nahen fernt
Der Schritt ertrinkt
Das Stehen jagt vorüber
Ein Blick
Hat
Ist!
Wahnnichtig
Icht!

August Stramm

Sehnen

von Hannah Weis

Sehnen traf mich ins Herz.

Sehnen werde ich mich auch nach dem Hörspiel-kurs.

Lesart

- Kurzes Gedicht, Parataxe
- Sehnsucht wird deutlich
- unklar: Erde wächst an Erd...
  - Wahnnichtig! Icht!

Wer oder was?: Die Hände, dein ...
Das Stehen, ein Bli...

Verben: Strecken, beben, wachse...
erstrinken, jagen

- Ein Lyrisches Ich (Position: alle...

Wirkt: emotional, hoffnungslos, se...

Stilmittel: Ellipse (wirkt unvollstä...
- Neologismen (Wahnnichti...
- Oxymoron (Stamm bebt,
- Personifikationen
  ↳ Der Schritt ertrinkt
Das Stehen jagt vorü...

Erste Zwei Ideen

Variante 1	Variante 2
- Verfremdung	- emotional, simpel
- abgespaced	- Sehnsucht nach Liebe
- Im Weltall	- Gräusche: Schritte, beben
- Sehnen nach der Erde	- Sehnsucht macht Wahnsinnig
- Mayday Mayday oder Houston, wir steuern richtung Erde	- Schwelgen in den „guten alten Zeiten"
- Schritt ertrinkt ↳ schwerelos	- Emotionen hervorrufen, Hörer „fühlen" lassen
- unterhaltsam, ~~interessant~~ interessant	

Fazit: bessere Identifikation mit Variante 2, möchte auch Lieber „fühlen" lassen als unterhalten

Sehnen

von Hannah Weis nach August Stramm

Wie der Titel schon deutlich sagt, geht es um Sehnsucht und Sehnen. Da Stramms Gedichte jedoch manchmal sehr körperlich sind, hätte es genauso gut um die Sehnen im Körper gehen können, welche Muskeln und Knochen miteinander verbinden und für die Beweglichkeit zuständig sind. Um viele Ecken gedacht, könnte dies aber auch metaphorisch für Eingeschränktheit oder Unvollständigkeit stehen. Das Gedicht ist relativ kurz. Bestimmte Stilmittel, z.B. Ellipsen, verdeutlichen die Sehnsucht. An sich ist soweit alles verständlich, wäre da nicht dieses Ende mit „Hat / Ist! / Wahnnichtig / Icht!". "Hat" und "Ist!" könnte man noch als Vergangenheit und Gegenwart verstehen. Es hat womöglich ein Liebesverhältnis gegeben, welches nun nicht mehr ist. Ich nehme an, dass das lyrische Ich vor Sehnsucht wahnsinnig wird. Doch was meinen „Wahnnichtig" und „Icht"? Vielleicht sieht die andere Person das lyrische Ich mittlerweile als überflüssig an, was eben dieses wahnsinnig macht? Weitere Thesen würden auf Kontroll- oder Identitätsverlust hindeuten. In „Icht" steckt immerhin ‚Ich' drin. Dies wäre auf jeden Fall typisch für den Expressionismus. Auch die Zeile „Erde wächst an Erde" ist schwer zu deuten. Es könnte um den Tod gehen, bei dem ein begrabener Mensch letztendlich zu Erde wird. Dafür, dass es jedoch ein expressionistisches Gedicht ist, fand ich es relativ leicht zu verstehen, und meine ersten Gedanken waren nicht die typischen Motive wie etwa: Krieg.

Den uns ausgeteilten Fragenkatalog habe ich zunächst einmal völlig außer Acht gelassen. Stattdessen habe ich auf der Seite *Pinterest* nach den Wörtern ‚Sehnen' und ‚Sehnsucht' und dazu passenden Bildern gesucht. Denn manchmal transportieren Bilder mehr als bloße Worte. Unter ‚passenden Bildern' verstand ich, z.B. in Bezug zum ersten Vers „Die Hände strecken", ein Bild mit zwei nacheinander ausgestreckten Händen oder ein Acrylgemälde mit einer Frau, welche nur an einer angedeuteten Silhouette eines Mannes lehnt. Daraufhin habe ich mir notiert: Wirkung/Emotionen/Gefühlsregungen. Bilder und Text waren schon fast ausreichend für eine Idee zur Hörspielproduktion, dennoch untersuchte ich noch die Lesart (Wörter, Stilmittel etc.). Daraufhin stellte ich mir die Frage, was ich mit dem Hörspiel in den Hörer*innen auslösen möchte. Möchte ich sie eher unterhalten und dabei über den Tellerrand schauen oder möchte ich sie die Emotionen des Gedichtes fühlen lassen?

Ich hatte eine Idee für eine unterhaltsame, interessante und teils entfremdete Version im Weltall mit Sehnsucht nach der Erde oder einer melancholisch emotionalen Version. Obwohl manche Menschen mich als abgespaced wahrnehmen, habe ich mich dennoch eher mit der emotionalen Variante identifizieren können und mich letztendlich dafür entschieden. Für mich werden die Sehnsucht nach einer Person, deren Nähe und Zuneigung deutlich und wenn ich etwas ‚erschaffe‘, möchte ich die Hörer*innen lieber etwas fühlen lassen, als sie lediglich zu unterhalten.

...und Antworten

Das Hörspiel besitzt ein Intro und ein Outro. Sanfte Pianotöne zu Beginn sorgen für eine angenehme Stimmung, während in dem Outro eine gewisse Traurigkeit mitschwingt. Die Gedanken des lyrischen Ichs werden in dem Stück wiedergegeben und auch die Sehnsucht wird mit Hilfe von Wiederholungen und Geräuscheffekten verdeutlicht. Ein Gezwitscher von Vögeln steht zum Beispiel mit dem Donnerschlag eines Blitzes im Kontrast. Die schöne Zeit der Vergangenheit wird durch die erschlagende Sehnsucht verdrängt. Nicht nur die ewig tickende Uhr macht einen wahnsinnig, sondern auch das Wort ‚wahnsinnig‘ selbst wird durch ein Echo verstärkt. Es ist nicht nur ein Hörspiel über Sehnsucht, sondern über Hoffnungslosigkeit und Verzweiflung. Wer sich jetzt wohl danach sehnt, mein Hörspiel zu hören?

Der Klang von Sehnen

Textstruktur	Akustische Struktur	Funktion
	Pianoklänge	Interesse wecken beruhigende Stimmung erzeugen
	zentriert gesprochen: „Ich sehne mich nach… in stereophoner Verteilung wechselnd: „…Winter, Strand, Schlaf, Urlaub, Schokolade, Sonne" zentriert gesprochen: „Ich sehne mich nach ihm."	Aufzählung, wonach sich Menschen sehnen. Das Wichtigste, die Liebe, kommt zum Schluss. Stereophone Verteilung erzeugt Dynamik.
Die Hände strecken	Töne eines Tastentelefons Freizeichen aufgebauter Verbindung Eingesprochen: „Ich erreich ihn einfach nicht. Hallo? Hörst du mich? Hallo?" Besetztzeichen Ich komm nicht an ihn ran."	Unerreichbarkeit des Du verzweifelte Gedanken, Sehnsucht
Starre bebt	mehrfach wiederholend: „Starre" Geräusch eines Erdbebens	Wiederholung, weil Starre über längere zeit bebt. „bebt" wird durch das Geräusch ersetzt.
Erde wächst an Erde	eingesprochen	Bleibt im Original bestehen.
Dein Nahen fernt	wiederholend, dabei längere Abstände und zunehmend leiser: „dein Nahen"	Durch die akustische Form wird das „fernt" übertragen.
Der Schritt ertrinkt	eingesprochen: „Ich hör dich doch!" Schritt, die sich schnell entfernen, leiser werden. Stille	Schritte entfernen sich und ‚ertrinken' in der Stille.

Textstruktur	Akustische Struktur	Funktion
Das Stehen jagt vorüber	Uhrenticken	Die Zeit jagt vorüber.
Ein Blick	geflüstert	vorsichtiges Abwarten
Hat Ist! Wahnnichtig Icht!	eingesprochen: „Ich weiß noch genau, wie es war." Vogelgezwitscher	Gezwitscher steht für die einst bestehende Harmonie.
	eingesprochen: „Aber so ist es nicht mehr" Gewitter	Gewitter spiegelt die jetzige Situation und das Gedankengewitter des lyrischen Ichs.
	eingesprochen: „Diese Sehnsucht macht mich wahnsinnig." wiederholend mit Echo: „Wahn" und „sinnig"	Hebt den Wahnsinn hervor, der sich im lyrischen Ich aus Sehnsucht ausbreitet.
	melancholische Musik mit Hall gesprochen: „Ich sehne mich immer noch."	anhaltende Sehnsucht

Der germanistische Blick

Aus Perspektive der Fachliteratur dreht sich das Gedicht um die innere Verzweiflung des lyrischen Ichs. Vor allem in den Versen 10-11 zeige sich die Vergeblichkeit der Hoffnung und die Besessenheit nach dem Du. Beides werde in Bildern von Flüchtigkeit, Erstarrung und eben Vergeblichkeit dargestellt. Die Entfernung des Du werfe das lyrische Ich auf sich selbst zurück.

Hannah Weis inszeniert ein Stück, in dem das ehemals harmonische Miteinander zweier Menschen nicht mehr existiert. In der Folge sehnt sich das lyrische Ich nach dem Du, nach dessen Zuneigung und Nähe. Diese Sehnsucht wächst, bis sie in Wahnsinn umschlägt. Besonders gelungen ist in diesem Stück die Umsetzung des Verses „Dein Nahen fernt", die den hörspielerischen Mitteln Raum gibt.

BlüteBlüte
üteBlü
BlüteB

Diamanten wandern übers Wasser!
Ausgereckte Arme
Spannt der falbe Staub zur Sonne!
Blüten wiegen im Haar!
Geperlt
Verästelt
Spinnen Schleier!
Duften
Weiße matte bleiche
Schleier!
Rosa, scheu gedämpft, verschimmert
Zittern Flecken
Lippen, Lippen
Durstig, krause, heiße Lippen!
Blüten! Blüten!
Küsse! Wein!
Roter
Goldner
Rauscher
Wein!
Du und Ich!
Ich und Du!
Du?!

August Stramm

Blüte

von Maurice Herzog

Es war ein schönes Seminar, um sich kreativ auszutoben.

Es sind Tage vergangen ohne an da[s]
Gedicht zu denken.

Ich habe es gerade laut gelesen
mir gerade, dass folgende Passagen
sondern eine Frau.
Vers vier: „Blüten im Haar"
      acht: „Düften"
      neun: „Weiße matte bleiche"

Vers zehn: Hinweis auf eine Erinneru[ng]

Vers zwölf + dreizehn : Sehnsucht, „

▸ Er sehnt sich nach diesem Mome[nt]
   leben! Er sehnt sich nach ihr!

Was ist passiert? Dieser Frage we[...]
Sie ist zentral im Werk und neben der
wichtigste Punkt im Text.

02.05.2024

.nke

.atur beschreiben,

.uleier"

.g"

seinem

.u Nachgehen.
wohl der

Der Expressionismus ist von der Zeit des 19. - 20. Jahrhunderts geprägt worden und drückt die Empfindungen des Individuums aus.
Je mehr man sich mit A. Stramms Heck befasst, um so klarer kann man erkennen, wie der Autor empfindet.

Vor meinen Augen kann ich eine neue Szenerie erkennen welche vielleicht im Rahmen des Hörspiels umgesetzt werden kann.

1. Idee : (Skizze)

I. Weltkrieg : es regnet, am Himmel dröhnen die Motoren, es ~~donnert die~~ donnern die Kanonen. (Lauter Lärm)

Hauptfigur (ER): (flüstert) Wo ist die gute alte Zeit geblieben...

(3x) (er wiederholt sich) (wird lauter, die Klänge im Hintergrund werden leiser)

Nach dem 3x-Mal | neue Geräuschkulisse: Vögel, Natur, Schritte, Wind - Laub, Wasser, leises gelächter. (nicht so laut)

Er : (In Gedanken) Wie schön sie doch ist! Wie schön sie doch ist!

Sie : Reichst du mir mal den Wein?

(Keine Reaktion)

Blüte

von Maurice Herzog nach August Stramm

August Stramms Gedicht *Blüte* ist mehr als nur ein Gedicht, mehr als nur Worte auf Papier. Wenn wir es lesen, können wir eine Vielzahl an Emotionen und Bildern wahrnehmen und erhalten viele Ideen, wie man es als Theaterstück oder Hörstück umsetzen kann. Mit diesem Skript wollte ich den Leserinnen und Lesern zeigen, wie ich empfinde, wenn ich das Gedicht lese, und sie in eine bildhafte Welt hineinführen.

Wenn Sie mich fragen, wie ich *Blüte* von Stramm lese, so kann ich Ihnen sagen, ich lese aus dem Werk die Sehnsucht heraus, die Sehnsucht nach der Schönheit des Lebens und auch den damit verbundenen Schmerz der Vergänglichkeit, denn das Leben kann so schnell zu Ende sein und dann bleibt nur noch die Erinnerung an das, was war.

Ich wusste direkt, nachdem ich das Gedicht interpretiert hatte, dass es in drei Szenen gegliedert sein muss, um den Hörerinnen und Hörern den Inhalt zu vermitteln. Natürlich hätte es eine kreative Rezitation auch getan, doch das war nicht in meinem Interesse, und so begann ich ein Skript zu schreiben, das einem Drehbuch schon sehr nahe kommt. Hierzu möchte ich sagen, Drehbücher sind mir die liebste aller Formen, wenn es um das Umsetzen von literarischen Stoffen geht. Um Distanz bei der Hauptaufnahme zu schaffen, habe ich mich für eine Veränderung der Stimmhöhe entschieden.

In Szene eins habe ich versucht, meine eigene Interpretation des Werkes mit expressionistischen Bildern zu kreuzen und eine Atmosphäre der Einsamkeit zu schaffen. Ich dachte an alte Mietskasernen aus der Kaiserzeit, die ich in einer Dokumentation gesehen hatte, sowie an die kleinen, stickigen Räume, in denen gegessen, gekocht, gelebt und geschlafen wurde. In so einem Raum lebt unser Protagonist. Er sitzt Abend für Abend an seinem Fenster, beobachtet die Stadt bei Nacht und sieht zu, wie sie mit den letzten Sonnenstrahlen zur Ruhe kommt. Er hat ein für die Zeit typisches Alkoholproblem und sehnt sich nach der guten alten Zeit, in der er nicht allein war. Untermalt wird die Szene mit Musik, die leise im Hintergrund ertönt und einen dramatischen Effekt erzeugen soll. Diese zieht sich bis in die zweite Szene, in der Naturgeräusche hinzukommen.

Die zweite Szene wird mit dem Ersehen des Schlossgartens eingeleitet und findet mit „Ich sehe es mit bloßem Auge" ihren Anfang. Hier ging ich dann mehr auf den Text an sich ein und habe versucht, ihn in einer Naturszenerie umzusetzen, in der der Protagonist mit seiner Liebsten durch den Park spaziert, jedoch die Natur nicht ganz so schön wahrnehmen kann wie sie. Die Szene endet mit einem Treueschwur des Protagonisten, um seine tiefe Verbindung zum Ausdruck zu bringen – inspiriert durch das Lied *Diamant* der Gruppe *Rammstein*.

Es folgt ein harter Bruch zwischen Szene zwei und drei. Wie eine Art Aufwachen aus einem schönen Traum, weil man einen Schritt zu weit lief und die Klippe hinunterstürzte. Es ertönt direkt eine andere und dramatische Musik, die auf das Ende hinweisen soll, denn der Protagonist erkennt, dass alles nur ein Traum war, und versinkt noch mehr in einem ‚dunklen Loch‘. Das, was war, ist vergangen, ist nicht mehr in greifbarer Nähe, und er widmet der Geliebten ein Gedicht. Dieses Gedicht heißt *Tränenmeer* und stammt von mir selbst. Ich fand passend, es einzubauen, da es für mich das Gefühl verkörpert, welches ich bei meiner Interpretation hatte. Mit diesem Gedicht und dem Ausspruch „so komme ich zurück zu dir" endet mein Werk.

Die zu hörende Musik stammt von freesound.org. Ich möchte hier den Interpreten für die kostenlose Nutzung danken.

Textstruktur	Akustische Struktur	Funktion
	Musik, leise, dramatisch männliche Stimme spricht ruhig schweres Ausatmen	Musik und Ausatmen unterstreichen die schwierige Situation des lyrischen Ichs.
Diamanten wandern übers Wasser! Ausgestreckte Arme Spannt der falbe Staub zur Sonne! Blüten wiegen im Haar!	Musik, leise, dramatisch männliche Stimme spricht aufgeweckt Naturgeräusche treten hinzu	Erinnerung an eine bessere Zeit Besuch eines Gartens | Naturgeräusche machen die Erinnerung erlebbar
	Musik, dramatisch männliche Stimme spricht dramatisch	Erinnerung verblasst und Gegenwart bricht in die Wahrnehmung ein – das Vergangene ist vergangen

Der germanistische Blick

Die Fachliteratur attestiert *Blüte* einen Übergang vom Naturbild zum erotischen Motiv. Die Verse seien durchzogen von Unsicherheit und Mehrdeutigkeit, während die Naturbilder zur Darstellung der Verbindung von Ich und Du dienen. Vor allem die ausgestreckten Arme seien als Geste der Sehnsucht lesbar.

Das Hörstück von Maurice Herzog baut einen Rahmen um die versbezogenen Teilinszenierungen. Ein hier eher narrativ angelegtes Ich schwelgt in Erinnerungen an einen vergangenen Besuch des Schlossgartens mit dem Du. Dabei bindet es die oben beschriebene Sehnsucht, die Gemeinschaft von Ich und Du sowie die wichtigen Naturbilder des Textes in seinen Monolog ein.

Der kleine Wissenshappen Nr. 6

Die Kriegslyrik August Stramms wurde unter dem Titel *Tropfblut. Gedichte aus dem Krieg* im Jahr 1919, vier Jahre nach dessen Tod, veröffentlicht. Sie versucht, das Grauen des Krieges in Worte zu fassen, wobei es um den Krieg als solchen und nicht den von Stramm tatsächlich geführten Krieg geht. Das Feindbild wird daher nicht konkretisiert.

Im Jahr 2012 wurden im Rahmen von Michael Bahns Dissertationsprojekt sieben Gedichte ausgewählt, von Studierenden der Universität Potsdam in theatrales Spiel transformiert und im Theaterforum Kreuzberg auf die Bühne gebracht. Zwei der Aufführungen, einige Bilder und Trailer können Sie sich auf der Seite der Theatrale anschauen.

Tropfblut. Gedichte aus dem Krieg auf der Seite https://die-theatrale.de

WunderWu...
rWunde...
nderWu...

Du steht! Du steht!
Und ich
Und ich
Ich winge
Raumlos zeitlos wäglos
Du steht! Du steht!
Und
Rasen bäret mich
Ich
Bär mich selber!
Du!
Du!
Du bannt die Zeit
Du bogt der Kreis
Du seelt der Geist
Du blickt der Blick
Du
Kreist die Welt
Die Welt
Die Welt!
Ich
Kreis das All!
Und du
Und du
Du
Stehst
Das
Wunder!

August Stramm

WunderWunderWunder

von Lucy Becker

Eine Mischung aus Kreativität und Fantasie.

Ich
Umschließe das Univ[...]
Und du
Du
siehst
Das Wunder

„Du" von Anfang bis
Hörspiel wiederholen als
geräusch
Nutzen von Echo
Naturgeräusche (Wellen?
. Regen?)

2. Idee
Du stehst! Du stehst fest wie ein Fels!
Und ich,
Ich bewege mich rastlos,
Grenzenlos, zeitlos, schwerelos.
Du stehst unerschütterlich!
Und
Die wilde Natur trägt mich auf
ihren Wellen,
Ich trage mich selbst, unaufhaltsam!
Du!
Du!

Du beherrschst die Zeit, so mächtig,
Du biegst den Weis des Schichsals,
Du beseelst den Geist mit Leben,
Du siehst den tiefsten Blich der Seele,
Du umschließt die Welt mit deiner
Präsenz,

Wunder

von Lucy Becker nach August Stramm

Das Gedicht, welches ich zugelost bekam, trägt den Titel *Wunder*. Es wurde von August Stramm, einem Dichter des Expressionismus, verfasst und im Jahre 1914 veröffentlicht.

Bereits beim ersten Lesen, direkt nach der Auslosung der Gedichte, konnte ich zwar meine ersten Eindrücke und Stimmungsbilder sammeln und auf mich wirken lassen, jedoch fand und finde ich bis zum jetzigen Zeitpunkt, dass das Gedicht für mich leider etwas unzugänglich ist. Das hängt aber damit zusammen, dass die Lyrik des Expressionismus meinem Geschmack nicht besonders zusagt. Dieser Fakt hat für mich eine kleine Hürde dargestellt, da ich diese Hintergedanken und Vorurteile überwinden musste, um mich besser auf das Gedicht einstimmen zu können. Anfangs brauchte ich etwas Zeit und habe das Gedicht zunächst nicht erneut gelesen, sondern erst ein bis zwei Wochen später. Die abgehackten und elliptischen Sätze erschwerten mir das unmittelbare Verständnis. Es wirkte auf mich zusammenhangslos und erzeugte meiner Ansicht nach eine Art Distanz zwischen mir und dem Text. An dieser Stelle kam der Fragenkatalog ins Spiel.

Die Arbeit mit dem Fragenkatalog hat mir geholfen, die Intention, die das Gedicht für mein Empfinden hat, zu entschlüsseln. Außerdem hat mir der Fragenkatalog ermöglicht, mich Schritt für Schritt den tieferen Bedeutungen zu nähern und die anfänglichen Unzugänglichkeiten zu überwinden.

Einer meiner ersten Eindrücke war, dass das lyrische Du eine außerordentliche Relevanz für das lyrische Ich hat. Dies lässt sich aus den anhaltenden Wiederholungen des Wortes „Du" schließen. Die Präsenz des lyrischen Du und des lyrischen Ichs sind sehr stark betont. Die Gegenüberstellung von „Ich" und „Du" erzeugt eine Dualität, welche für mich, im Sinne von Subjekt und Objekt, im Vordergrund steht. Das ly-

Sprich deutlich!

Fragen über Fragen...

...und Antworten

rische Du erweckte den Eindruck, eine höhere Macht oder etwas Angebetetes zu sein. Rückführend zum Titel *Wunder* kam ich zu dem Entschluss, dass das Du in meiner Auffassung das personifizierte Universum des Ichs darstellen soll, da die Worte „Welt", „All" und , ‚Kreis[en]" auftreten. Das „Du" stellt für mich eine Quelle von Kraft und Stabilität dar und bildet damit den Gegensatz zum lyrischen Ich, welches auf der Suche nach Orientierung ist. Das lyrische Ich erzeugt den Eindruck der Bewunderung und Ehrfurcht bzgl. des lyrischen Du. Die Emotionen, Intensität und Dringlichkeit sind stark betont durch die häufigen Exklamationen sowie durch kurze und prägnante Sätze. Im Fokus standen dann die folgenden Assoziationsbilder, welche zur Arbeit an der Umsetzung meines Hörstücks am relevantesten waren: Kreis, Universum, Dualität, Unendlichkeit, kosmische Landschaft. Da ich in mein Hörstück gerne das Gedicht eingebaut haben wollte, dieses aber nicht rezitieren durfte, habe ich es in meine eigenen Worte umgeschrieben. Dies hat nicht nur meine persönliche Auffassung stärker betont, sondern zusätzlich eine einfachere Version des ursprünglichen Werks entstehen lassen.

Nach meinem ersten Versuch, das Gedicht neu wiederzugeben, kamen mir auch die ersten Umsetzungsideen für die akustische Version. So zum Beispiel, das „Du" von Beginn an durchgängig im Hintergrund zu wiederholen. Das Nutzen von Echoeffekten fand ich auch sehr passend, da sich das Gedicht in meiner Version im All abspielt und der Klang des Echos meiner Meinung nach diese Illusion am besten darstellt. Meine nächste Idee war der Einsatz von Naturgeräuschen wie beispielsweise Wellen, Wind oder Regen. Diese entstand, weil ich in meiner selbstverfassten Version das Wort „Natur" genutzt habe und ich dieses folglich akustisch in das Hörstück einbringen wollte. Diesen Gedanken habe ich jedoch durch das im Endprodukt wahrnehmbare kreisende Geräusch ersetzt, das ich durch zwei verschiedene Instrumente realisiert habe, die einen Sci-Fi-Charakter haben. Damit wird zum einen der Kreis aufgegriffen, der meiner Auffassung nach eine bedeutende Rolle spielt. Zum anderen sollen die ausgewählten Instrumente den Schauplatz des Alls untermalen. Die bereits genannte Idee des wiederholten „Du" habe ich in meinem Hörstück durch zwei verschiedene Sprecher (männliche und weibliche Stimme) umgesetzt. Diese sollen dem Hörer die Gewissheit verschaffen, dass es sich um zwei Personen handelt – nämlich das lyrische Ich und das lyrische Du. Welche Stimme welche Person darstellen soll, überlasse ich dem Hörer. Die Sprecher wiederholen das „Du" in unterschiedlichen Emotionen und Lautstärken, um die Orientierungslosigkeit und Gefühle von Ich und Du zu realisieren.

Abschließend kann ich sagen, dass August Stramms Gedicht *Wunder* für mich persönlich ein herausforderndes Werk darstellt, das durch seine expressionistische Sprache und Struktur zunächst schwer zu verstehen ist. Durch die systematische Analyse und die Hilfe des Fragenkatalogs lässt sich jedoch eine tiefere Bedeutungsebene erschließen. Das Gedicht thematisiert die Beziehung zwischen dem lyrischen Ich und Du sowie deren Einfluss auf die Wahrnehmung von Raum und Zeit. Die wiederholte Betonung des „Du" verdeutlicht die zentrale Rolle des Du im Leben des Ichs und heben das Gedicht auf eine existenzielle und metaphysische Ebene.

Textstruktur	Akustische Struktur	Funktion
Du	wiederholendes „Du" durch verschiedene Sprecher im ganzen Stück	Sprecher repräsentieren das lyrische Ich und das Du. Wiederholung „Du" zeigt Relevanz für das Werk.
Raumlos Welt All	leichte Hintergrundmusik, die an Sci-Fi erinnert (zwei unterschiedliche aber dennoch ähnliche Varianten eines Instruments)	Repräsentiert das Universum/Weltall als Schauplatz.
	Einsprechen des umgeschriebenen Gedichts	Monolog des lyrischen Ichs erleichtert den Zugang zum Text.
Kreis	kreisende Darstellung der Musik durch die bereits erwähnten zwei Varianten eines Instruments	Ein Kreis steht für das lyrische Du. Der andere Kreis steht für das lyrische Ich.

Der germanistische Blick

Dem Du in *Wunder* wird in der literaturwissenschaftlichen Beschäftigung mit dem Gedicht eine entmenschlichte Form zugeschrieben. Es sei eine Repräsentation der kosmischen Harmonie, etwas, das statisch in sich ruhe, während das lyrische Ich auf der Suche nach eben dieser Statik in ständiger Bewegung sei. Wichtige Motive seien die Ich-Du-Konstellation, der Blick ins Kosmische sowie die Verbindung von Kreis und Ewigkeit.

Auch Lucy Becker erkennt im Du etwas Angebetetes und hält akustisch fest, dass es für das lyrische Ich das Universum bildet, diesem also alles bedeutet. Das Du ist bei ihr die Quelle der Kraft und Stabilität, es wird ehrfürchtig bewundert, während das lyrische Ich auf der Suche nach Orientierung ist. Wichtige Schlagworte sind für sie Emotion, Intensität, Dringlichkeit, Kreis, Universum und Dualität – viele der Begriffe finden sich in der Fachliteratur wieder.

Begegnung

Dein Gehen lächelt in mich über
Und
Reißt das Herz.
Das Nicken hakt und spannt.
Im Schatten deines Rocks
Verhaspelt
Schlingern
Schleudert
Klatscht!
Du wiegst und wiegst.
Mein Greifen haschet blind.
Die Sonne lacht!
Und
Blödes Zagen lahmet fort
Beraubt beraubt!

August Stramm

BegegnungB
ngBegegnur
gnungBege

von Fabienne Martin

Große Gefühle.

- Die letzten beiden Verse verdeutl[ichen]
  die Wirkung der Begegnung & die H[
  Hilflosigkeit des lyrischen Subjek[ts]
- Durch die Satzzeichen werden die
  den Textbilden deutlich
> Die Verse 14 & 15 sind schwierig zu
  fühlt sich das lyrische Subjekt

<u>Stimmungen</u>

Beim Lesen des Gedichts wird eine
Stimmung erzeugt. Man kann durc[h]
die Unruhe und das Chaos im

spüren.
Es ist istgesamt angespannt und wir[d]
Vers unruhiger.

> Wörter:
  - Liebe, Herzschmerz, Verwirrung, Unb[
    Hilflosigkeit, Gefühlschaos,

> deutlich wird auch der Wechsel der

nochmal

liebende

en zwischen

n, von was

vor

spannte

Wörter

er Subjekt

jedem

, Trauer

ver

> Im Text geht es um die Begegnung des lyrischen Subjekts mit einer anderen Person. Diese Begegnung zwischen den beiden scheint zunächst nur flüchtig zu sein hat aber eine starke Auswirkung auf das lyrische Subjekt. Die Emotionen des lyrischen Ichs sind erst kurz positiv schwenken jedoch direkt in Unsicherheit und Anspannung über.
Die Begegnung löst Unruhe und Unsicherheit im lyrischen Subjekt aus. Die Gefühle werden zu einem Chaos im Innern.
Die Begegnung wirft das lyrische Subjekt, aus der Bahn" und schafft Verwirrung.
Die Sonne die „lacht" soll wahrscheinlich auf den Kontrast hinweisen zwischen dem Chaos

Begegnung

von Fabienne Martin nach August Stramm

Die ersten Eindrücke beim Lesen des Gedichts waren sehr verwirrend. Ich habe mir Stichworte wie ‚Anspannung', ‚bedeutungsvoll', ‚flüchtig' und ‚intensiv' notiert. Außerdem fiel es mir auch nicht leicht, das Gedicht bei den ersten Malen richtig durchzulesen, ohne dabei über ein paar Worte oder Verse zu stolpern und diese dann unentwegt zu wiederholen.

Sprich deutlich!

Als ich mich dann aber dem Fragenkatalog zugewandt hatte und begann, mir daraus ein paar Fragen durchzulesen sowie diese auf das Gedicht anzuwenden, ist es mir viel leichter gefallen herauszufinden, was für eine Handlung hier stattfindet und wie man die Verse interpretieren könnte. Mir hat es sehr geholfen, mir zunächst klarzumachen, was ich verstehe und welche Stellen mir noch völlig unlogisch erscheinen. Hilfreich war auch, sich zu überlegen, welche Personen im Gedicht vorkommen, wer handelt und ob das lyrische Subjekt überhaupt im Gedicht involviert ist. Der Teil des Fragenkatalogs, in dem man die Stimmungen herausarbeiten sollte, hat mir auch sehr geholfen. Hierbei sind mir dann auch direkt Ideen gekommen, wie man welche Stimmung in Bezug auf das Hörstück eventuell erzeugen könnte. Nach dem Zwischenfazit war dann auch schon einiges deutlicher und ich hatte schon eine Vorstellung davon, wie ich das Gedicht interpretiere. Was meiner Meinung nach aber am hilfreichsten war, ist der letzte Teil des Fragenkatalogs, der sich explizit auf die Akustik des Hörstücks bezieht. Hier habe ich mir nochmal genauer Gedanken gemacht wie ich beispielsweise bestimmte Verse wie „Die Sonne lacht!" akustisch darstellen will. Der Fragenkatalog hat mir sehr geholfen und ich hatte etwas, an dem ich mich orientieren konnte. Dadurch bin ich dann auch zu meiner Interpretation bzw. Deutung des Gedichts gekommen.

Fragen über Fragen...

Das Gedicht *Begegnung* von August Stramm handelt meiner Meinung nach von einer sehr flüchtigen und eigentlich unbedeutenden Begeg-

...und Antworten

nung. Täglich begegnen wir Hunderten von Menschen. Jedoch hatte die Begegnung für das lyrische Subjekt starke Auswirkungen. Die Reaktion auf die Begegnung ruft Emotionen der Verwirrung und Anspannung hervor. Sie wirft das lyrische Subjekt regelrecht aus der Bahn. Die Worte, die Stramm benutzt, um die Gefühle zu beschreiben, sind sehr ausdrucksstark und auch die Form des Gedichts lässt den Rezipienten in die chaotische Gefühlswelt eintauchen. Der Kontrast zwischen den inneren Gefühlen und der für Außenstehende so bedeutungslosen Begegnung wird im Gedicht deutlich. Solche Begegnungen können für manche Personen flüchtig und für andere voller Bedeutung sein. Das Hörstück habe ich mir hauptsächlich mit Geräuschen und Musik sowie sehr wenig Sprache vorgestellt, sodass man sich gut in die Gefühlswelt des lyrischen Subjekts versetzen und die Begegnung aus dessen Sicht anhand von den Geräuschen wahrnehmen kann.

Durch das Geräusch von Schritten, die auf das lyrische Subjekt zukommen und somit lauter werden, wollte ich die Begegnung darstellen. Die Stimmung soll zunächst noch positiv sein und durch passende angenehme Melodien unterstützt werden. Das reißende Herz soll durch Herzklopfen und das Geräusch von etwas, das zerrissen wird, dargestellt werden. Damit möchte ich verdeutlichen, welche Auswirkungen die Begegnung auf das lyrische Subjekt hat. Diese Wirkungen werden ab dem reißen des Herzens deutlich. Durch unangenehme Geräusche wie bspw. ein Quietschen soll der Vers „Das Nicken hakt und spannt" verdeutlicht werden. Die Anspannung und das unangenehme Gefühl des lyrischen Subjekts durch die Begegnung sollen dabei zum Ausdruck gebracht werden. Die Anspannung geht über in eine chaotische Gefühlswelt des lyrischen Subjekts. Hier habe ich mir ein Gefühlschaos vorgestellt, welches im Hörstück dadurch erzeugt werden soll, dass „Verhaspelt / Schlingern / Schleudert / Klatscht!" erst langsam und dann immer schneller durcheinander gesprochen werden sollen. Zu den Wörtern sollen passende Geräusche verwendet werden. Nach einer kurzen Stille setzen wieder unangenehme Geräusche ein, welche in solche übergehen, die das Greifen nach etwas verdeutlichen und dazu kommt ein angestrengtes Stöhnen, so als würde man nach etwas greifen, was unerreichbar ist. Damit will ich zum Ausdruck bringen, wie sich das

Der Klang von Begegnung

lyrische Subjekt möglicherweise fühlen könnte, da die Person unerreichbar zu sein scheint. Das Lachen der Sonne soll an ein Auslachen erinnern. Dieses Lachen soll immer lauter und stärker werden und daraufhin abklingen. Die Sonne stellt den Kontrast zwischen der Bedeutung der Begegnung für das lyrische Subjekt und der Flüchtigkeit der Begegnung an sich dar. Das Hörstück soll dann mit Geräuschen und Musik, welche die Hilflosigkeit und Leere im lyrischen Subjekt ausdrücken, ausklingen. Damit möchte ich bewirken, dass man in die Stimmung, die im Kopf des lyrischen Subjekts herrscht, hineinversetzt wird und sich durch den Klang die Gefühle genau vorstellen kann.

Textstruktur	Akustische Struktur	Funktion
Dein Gehen lächelt in mich über	Schritte kommen näher, werden lauter angenehme Melodie/Musik setzt ein	Die Person läuft auf das lyrische Ich zu. Musik verdeutlicht positive Stimmung.
Und	Stille	
Reißt das Herz.	lauter werdendes Herzklopfen Geräusch des Zerreißens oder Zerbrechens	Herzschmerz und Intensität der Begegnung
Das Nicken hakt und spannt.	unangenehme Geräusche wie Kratzen, Quietschen oder ein piepender Ton	Anspannung des lyrischen Ichs
Im Schatten deines Rocks	raschelnde Kleidung Windgeräusch	nur eine flüchtige Begegnung
Verhaspelt Schlingern Schleudert Klatscht!	Wörter werden gesprochen; erst langsam dann schneller und durcheinander bis Chaos herrscht passende Töne/Klänge	Gefühlschaos des lyrischen Ichs

Textstruktur	Akustische Struktur	Funktion
Du wiegst und wiegst.	Schnitt zu Vorherigem unangenehmes Geräusch	Du entfernt sich vom lyrischen Ich.
Mein Greifen haschet blind.	Geräusch des Greifens angestrengtes Stöhnen eingesprochen: „blind"	Unerreichbarkeit des Du daraus entstehende Hilflosigkeit
Die Sonne lacht!	lauter werdendes, hämisches Lachen	Lachen der Sonne Kontrast zwischen der unbedeutenden, flüchtigen Begegnung und dem Gefühlschaos
Und	Stille	
Blödes Zagen lahmet fort Beraubt beraubt!	unangenehme Musik	Unwohlsein und Hilflosigkeit des lyrischen Ichs Ausklingen der Szene

Der germanistische Blick

Die Fachliteratur findet in *Begegnung* das Bild einer gleichgültigen Natur in Form einer hohnlachenden Sonne, während sie dem Du zugesteht, bereits mit kleinsten Gesten starke Wirkung auf das lyrische Ich zu entfalten, das am Ende des Gedichts resigniere.

Auch wenn Fabienne Martin ihre Hörskizze nicht umgesetzt hat, zeigen sich in ihr die fachlich benannten Aspekte. Eine flüchtige Begegnung stürzt das lyrische Ich bei ihr in ein Gefühlschaos. Es durchlebt starke Emotionen, Verwirrung, Anspannung und wird, wie schon oben beschrieben, von der Sonne hämisch ausgelacht. Die Ausgangssituation weist übrigens einige Parallelen zu *Verhalten* auf.

SpielSpielS
lSpiel
elSpie

Deine Finger perlen
Und
Kollern Stoßen Necken Schmeicheln
Quälen Sinnen Schläfern Beben
Wogen um mich.
Die Kette reißt!
Dein Körper wächst empor!
Durch Lampenschimmer sinken deine Augen
Und schlürfen mich
Und
Schlürfen schlürfen
Dämmern
Brausen!
Die Wände tauchen!
Raum!
Nur
Du!

August Stramm

SpielSpielSpiel
SpielSpielSp
SpielSpielS

von Nina Neutzer

Eine unerwartete, aber sehr willkommene Abwechslung im Uni-Alltag.

5. Grenze auf der Textebene solche Wortgruppen voneinander ab, die ein
eigenständiges Bild ergeben!
(Textebene)

→ Deine Finger, Dein Körper, deine
Augen, DU!
⤳ zweites Subjekt

→ Stoßen, Quälen, reißt, empor, sinken,
Dämmern, tauchen
⤳ negativ, düster? (LEIDENschaft)

→ perlen, rollen, stoßen, Necken,
schmeicheln, Quälen, sinnen,
schläfern, Beben, reißt, wächst,
sinken, schlürfen
⤳ sehr viel Aktion, Interaktion
oder Vorstellung

Spiel

von Nina Neutzer nach August Stramm

Zunächst fand ich den Zugang zum Gedicht schwierig, da ich ein paar Anläufe gebraucht habe, um grundlegend verstehen zu können, wovon es tatsächlich handelt. Im Gedicht gibt es sehr viele Metaphern und symbolische Sprache, die zunächst einmal entschlüsselt werden müssen. Des Weiteren besteht das Gedicht eher aus fragmentierten Phrasen und Ausrufen, wodurch viele Sprünge erzeugt werden. Hierdurch war es ebenfalls schwierig, gleich zu Beginn zu verstehen, was die Aussage dieses Gedichts ist. Durch einige hinweisgebende Aussagen im Gedicht, wie beispielsweise „Nur / Du!" konnte ich verstehen, dass es sich um ein Liebesgedicht handelt. Mit diesem Wissen konnte ich mir dann auch den Rest erschließen, da im Gedicht einige Wörter, z.B. „perlen", in einer ungewöhnlichen Weise genutzt werden, wie ich sie aus dem alltäglichen Sprachgebrauch nicht kannte. Weiter werden viele Kontraste verwendet, wie beispielsweise „Quälen" und „Schmeicheln", wodurch ich zu Beginn die Gefühle des lyrischen Ichs nicht einordnen konnte. So lässt sich sagen, dass sich das Gefühlschaos des lyrischen Ichs auf meine eigenen Gefühle übertragen hat und ich generell nicht wusste, ob hier eine positive oder negative Situation beschrieben wird. Nach mehrmaligem Lesen war für mich jedoch, besonders mit den Schlusszeilen „Raum! / Nur / Du!", eindeutig, dass es sich um eine leidenschaftliche und positive Beschreibung einer wahrgenommenen physischen Präsenz handelt.

Sprich deutlich!

Um zu verstehen, worum es in dem Gedicht geht, finde ich die Aufgabe „Notiere, wie du dir das Beschriebene im Kopf vorstellst!" sehr gut geeignet. Ich empfand es als sehr hilfreich, mir die Fragmente des Gedichts einmal genau vorzustellen, um ein Gefühl für die Grundstimmung zu bekommen und über jeden Vers nachzudenken. Weiterhin hat es mir geholfen, auf der Textebene Wortgruppen voneinander abzutrennen, die ein eigenständiges Bild ergeben. Dadurch konnte ich Kontraste

Fragen über Fragen...

ausmachen und einzelne Gedanken sortieren und einordnen. Für mein Gedicht war auch die Aufgabe „Gibt es Handlungen im Gedicht oder geht es eher um eine Momentaufnahme?" sehr hilfreich, da ich so bemerkt habe, dass es sich um eine emotionale und leidenschaftliche Momentaufnahme handelt. Um die ersten Schritte in Richtung Hörstück zu machen, hat die Aufgabe „Äußern die Handlungsträger etwas oder geben sie nonverbale Laute von sich?" sehr geholfen, denn hier konnte ich einige erste Ideen aufschreiben und notieren, welche Geräusche sich eignen würden, um die Stimmung des Gedichts zu vermitteln. Die Entwicklung hin zum Hörstück entstand auch durch die Aufgabe „Auf welche Art liest du das Gedicht am liebsten und warum?", da ich erst hier wirklich konkret mit Ausarbeitungsideen geworden bin. An diesem Punkt habe ich mich für einen Kontrast von Leidenschaft und Hektik gegenüber von Sinnlichkeit entschieden, da ich dies sehr passend für die Grundstimmung halte. Weiterhin hat die Aufgabe „Suche nach Wörtern oder Wortgruppen, die inhaltlich direkt oder indirekt eine Akustik in sich tragen!" eine neue Sichtweise eröffnet, da ich konkrete Ideen zu einzelnen Wörtern, wie z.B. „schlürfen", bekommen habe. Für meine Ausarbeitung des Gedichts war die Aufgabenstellung „Gibt es Inhalte und Wirkungen, die sich verbinden lassen?" weniger relevant, da mein Gedicht grundsätzlich schon sehr stimmungsbetont ist und wenig Varianz im Inhalt besitzt, ich diese Stimmung jedoch vermitteln möchte. Im Gegensatz dazu hat mir die Frage „Benötigst du Musik oder Gesang, Geräusche, Klänge?" dazu verholfen, mir eine genauere Vorstellung davon zu machen, wie die Stimmung des Gedichts im Hörstück vermittelt werden soll. Hier habe ich mich für Flüstern, schnelles Sprechen und Wind als Hauptgeräusche entschieden.

In dem Gedicht geht es um einen intensiven und leidenschaftlichen Moment von körperlicher und emotionaler Nähe zwischen zwei Personen. Dieser Moment besteht aus völliger Hingabe, sodass alles andere unwichtig erscheint und ausgeblendet wird. Jede körperliche Empfindung verstärkt den emotionalen Zustand des lyrischen Ichs. Die vielfältigen Berührungen lösen physische Reaktionen und tiefgehende emotionale Zustände wie Sinnlichkeit und Sehnsucht aus. In dem Gedicht werden viele Symbole verwendet, wie zum Beispiel der Ausdruck „Die Kette

...und Antworten

reißt!", was auf eine Befreiung von Einschränkungen deutet. Dies kann sowohl physisch als auch emotional gedeutet werden und betont die Leidenschaft. Die Augen der anderen Person, die „Durch Lampenschimmer sinken" und „schlürfen", symbolisieren eine tiefe, sinnliche Verbindung und das Vergessen von allem anderen. Typisch für den Expressionismus ist eine intensive, emotionale Sprache und die Betonung subjektiver Empfindungen. So kommen häufig Gefühle wie Verzweiflung und Leidenschaft vor. Dies ist auch in diesem Gedicht der Fall, denn es zeigt sich, dass das lyrische Ich vor lauter Leidenschaft schon fast verzweifelt wirkt vor. Auch formal lässt sich feststellen, dass sich das Gedicht durch kurze Zeilen und eine dynamische Struktur auszeichnet, vor allem durch die hohe Zahl der Enjambements. Diese betonen die Intensität und Hektik, wodurch das lyrische Ich sehr leidenschaftlich und ungezügelt wirkt. Die Verwendung von Ausrufen verstärkt die Wirkung von Überwältigung. Der Schluss „Nur / Du!" des Gedichts betont den Fokus auf die geliebte Person. Insgesamt handelt das Gedicht von einem Moment der besonderen Verbindung zweier Menschen, in dem alles andere unwichtig ist und nur die körperliche wie emotionale Bindung von Bedeutung ist. Die formalen Aspekte, Stilmittel und Betonung der Sinneswahrnehmungen tragen dazu bei, dass das beschriebene Erlebnis lebhaft wirkt und leicht nachvollziehbar ist.

Das Flüstern und das Atmen dienen dazu, eine intime und vertraute Atmosphäre zu schaffen, damit sich die Zuhörer*innen besser in die Situation hineinversetzen können. Es zeigt die Nähe und die Verbundenheit zwischen den beiden Personen im Gedicht. Die Veränderung im Flüstern deutet auf eine veränderte Wahrnehmung hin, denn im Gedicht gibt es leidenschaftliche und sinnliche Momente. Die Wiederholung und das leise Flüstern bei „schlürfen... schlürfen" betonen die Eindringlichkeit des Moments. Sie zeigen, dass die Person in einen Bann gezogen ist. Dies gilt ebenfalls für die Abtauch-Effekte, bei denen man von der Außenwelt abgeschottet ist und sich nur auf seine Empfindungen konzentriert. Weiter habe ich die Windgeräusche gewählt, da sie nicht so dominant sind, dass sie vom Eigentlichen, den Gefühlen, ablenken, aber trotzdem die Atmosphäre unterstreichen. So dient das sanfte Windrauschen der Beruhigung und der Betonung der Zärtlichkeit. Der

**Der Klang von
Spiel**

stärker werdende Wind vermittelt stärker werdende Emotionen des lyrischen Ichs und das Gefühl von Mitgerissenwerden. Der plötzliche Windstoß mit dem zufliegenden Fenster verstärkt die dramatische Leidenschaft, die auf einmal entfacht wird. So lässt sich sagen, dass die Windgeräusche das Auf und Ab der Gefühle unterstreichen. Es baut die Spannung bis zum Höhepunkt auf und dient der Verlangsamung. Der Echoeffekt weist auf einen hypnotischen Zustand beim lyrischen Ich hin, das nur seine Empfindungen spüren kann, welche die Geliebte in diesem Moment auslöst. Die Lautstärkeänderungen und Pausen dienen dazu, die Dramatik zu betonen. Starke und plötzliche Veränderungen weisen auf einen veränderten emotionalen Zustand hin. Die genannten Geräuscheffekte und die Art des Sprechens sollen die emotionale Tiefe und Intensität vermitteln, da mein Fokus auf der Stimmung und weniger auf anderen Inhalten liegt. Der Wind unterstützt die Atmosphäre. Das Flüstern verstärkt die Intimität sowie die Verbindung zwischen den Liebenden. Diese Elemente sollen die Zuhörer*innen in den sinnlichen Bann ziehen und nachvollziehbar machen, was die Liebenden erleben.

Textstruktur	Akustische Struktur	Funktion
Du!	gesprochen: „Du!" Vogelgezwitscher Windgeräusche, die nach sieben Sekunden lauter werden	ruhige Atmosphäre Spannung durch lauter werdenden Wind zwei Personen sind anwesend
Schlürfen schlürfen	dreimal wiederholt Stille Abtauchen unter Wasser	Fokus auf die Geliebte, sie nimmt die Aufmerksamkeit des lyrischen Ichs ein.
	sanftes Windgeräusch	ruhige Atmosphäre, Sommerstimmung, Dämmerung
Wogen um mich.	ruhig eingesprochen	
	siebenmal geflüstert: „Wogen"	Fokus auf Geliebter Sinnlichkeit
	dreimal geflüstert: „Wogen" parallel: Fenster knallt zu	Geschehen unterbricht nicht den Fokus auf die Geliebte
Kollern Stoßen Necken Schmeicheln Quälen Sinnen Schläfern Beben	leise und schnell gesprochen	Sinnlichkeit, Leidenschaft Beschreibung der unterschiedlichen Berührungen
	zehn Sekunden lautes Atmen	Gefühlsintensität
Dämmern	geflüstert leichter Wind	Sinnlichkeit Raum dunkelt, aber das interessiert nicht
Brausen	starker Wind	dramatische, leidenschaftliche Wirkung
	Wind stoppt abrupt zehn Sekunden lautes Atmen	Nähe und Hingabe Zuhörende sollen mitgerissen werden

Textstruktur	Akustische Struktur	Funktion
Die Wände tauchen!	mit Echo gesprochen Abtauchen unter Wasser und dumpfes Rauschen für 15 Sekunden	Veränderung der Wahrnehmung des Raumes durch starke, überwältigende Gefühle
Quälen Sinnen Schläfern Beben	mit Hall, langsam, dann leise und schnell gesprochen	leerer Raum Lyrisches Ich kann sich auf nichts anderes konzentrieren als auf die Empfindungen, die Geliebte bei ihm auslöst.
Nur	sanft und deutlich gesprochen Wind blendet aus Stille	tiefe Verbindung, Fokus auf der Geliebten
Du!	sanft und deutlich gesprochen	tiefe Verbindung, Fokus auf der Geliebten

Der germanistische Blick

Dieses Gedicht wurde von der Literaturwissenschaft bisher nur wenig beachtet. Zum einen findet sich der Verweis, dass der Raum einen unendlichen Raum meinen könne, und zum anderen wird dieser Gedanke weitergeführt in der Überlegung, dass aus dem Liebesspiel eine transzendente Erfahrung werde, bei der Ich und Du als Einheit im Kosmischen schwingen.

In Nina Neutzers leider ebenfalls nicht realisiertem Hörstück spielen die Gedanken einer transzendenten Erfahrung eine wichtige Rolle. In einem intensiven Moment von körperlicher wie emotionaler Nähe verblassen die äußeren Umstände zunehmend. Mit dem Vers „Die Kette reißt!" lösen sich bei ihr die letzten gesellschaftlichen Konventionen auf – eine spannende Deutung dieses Verses, der ebenso auf ein Ende der Kette an sinnlichen Wahrnehmungen hindeuten könnte. Doch am Ende steht auch bei ihr „Nur / Du!" – ein Verweis auf die Fokussierung des lyrischen Ichs auf das Du.

Abendgang

Durch schmiege Nacht
Schweigt unser Schritt dahin
Die Hände bangen blaß um krampfes Grauen
Der Schein sticht scharf in Schatten unser Haupt
In Schatten
Uns!
Hoch flimmt der Stern
Die Pappel hängt herauf
Und
Hebt die Erde nach
Die schlafe Erde armt den nackten Himmel
Du schaust und schauerst
Deine Lippen dünsten
Der Himmel küßt
Und
Uns gebärt der Kuß!

August Stramm

Abendgang

von Lea Krauß

Die Pappel blüht von Februar bis Mai.

Zwischenfazit:

- Das Lesegefühl wurde im[...]
Flüssige[...]

- Das Verständnis / meine eige[...]
wurde deutlicher

- Ich frage mich ernsthaft, w[...]
früher solche Probleme hab[...]
auswendig zu lernen, denn[...]
der ersten Hälfte dieses V[...]
tagebuchs kann ich das A[...]
bereits auswendig....

<u>Nach dem lauten Lesen:</u>

<u>Akustik</u>

(24) Das prägnante "Und" wird in meinem
Kopf immer geschrien → auch das "Uns"
→ bei dem "Uns" ist es allerdings klarer,
da dahinter ein Ausrufezeichen steht.

Außerdem, kommt es mir beim Lautlesen
vor, als würde ich vieles komisch
betonen, ich finde allerdings keine
bessere Lösung...

... Komischerweise macht es mir im Privaten
Spaß, das Gedicht mit absichtlich
komischer Betonung zu lesen...

(26) Ich bin der Meinung, dass sich jeder

Abendgang

von Lea Krauß nach August Stramm

Im Rahmen des freiwilligen Workloads setzte ich mich mit dem von August Stramm geschriebenen Gedicht *Abendgang* auseinander. Zugegebenermaßen hatte ich es mir etwas leichter vorgestellt, die Zusammenhänge in einem expressionistischen Gedicht zu verstehen. Vor allem nachdem ich im vorletzten Semester bereits ein ganzes Seminar zu expressionistischen Texten besucht habe und einige von August Stramms Werken sowie seine Schreibweise kennenlernen durfte. Nach dem ersten Lesen, das mit überraschend wenig Stolpern gelang, musste ich allerdings zuerst einmal nachschlagen, was eine Pappel ist. Umso beschämter war ich dann, als ich las, dass es sich dabei um einen Baum handelt. Dabei dachte ich, belesen und kundig bzgl. der Flora zu sein. Ebenso kam mir erst ganz am Ende der Auseinandersetzung mit dem Gedicht in den Sinn, dass die Strophe „Du schaust und schauerst" nicht eine Steigerung des Verbs „schauen" ist, sondern es sich um einen „kalten Schauer" handeln muss, was mich meine Fähigkeiten, das Deutsche richtig und aufmerksam zu lesen, hinterfragen ließ. Danach war ich jedoch über alle Wortbedeutungen im Klaren. Von den Textzusammenhängen oder einem angehenden Verständnis, welches eine tiefergehende Interpretation zulassen könnte, war ich allerdings noch weit entfernt. Um ein solches zu entwickeln, begann ich schlichtweg damit, den Fragenkatalog zu bearbeiten, um somit durch eine Auseinandersetzung näher zu der Aussage des Gedichtes zu gelangen.

Sprich deutlich!

Zuerst einmal möchte ich betonen, wie hilfreich dieser vorgefertigte Fragenkatalog war. Ich bin in der Vergangenheit zwar selbst nie auf die Idee gekommen, könnte mir aber gut vorstellen, in meinem eigenen, zukünftigen Unterricht ähnliche Interpretationshilfen anzubieten. Durch das Lesen der Fragen und das darauffolgende Suchen nach Antworten im Gedicht selbst setzte ich mich viel intensiver mit dem Text auseinander, als ich es bei einfachem, mehrmaligem Lesen getan hätte.

Fragen über Fragen...

An dieser Stelle möchte ich zusätzlich anmerken, dass das Beantworten der Fragen in einem Verständnistagebuch genauso sinnvoll war. Vor allem im Nachgang und beim Schreiben dieses Essays konnte ich so noch einmal nachlesen, welche Schwierigkeiten ich hatte. Ebenso sind mir auch schon direkt zu Beginn beim Beantworten der Fragen Ideen gekommen, welche die Umsetzung einzelner Strophen in das spätere Hörstück unterstützten. Nun wurde der Fragenkatalog viel gelobt, allerdings hätte ich auch einen kleinen Kritikpunkt zu äußern. Einige Fragen habe ich bewusst ausgelassen und nicht beantwortet, da ich das Gefühl hatte, dass sie bereits beantworteten Fragen zu sehr ähnelten. Dies kann allerdings auch daran liegen, dass ich oftmals dazu tendiere, von Themen abzuschweifen oder sie zu ausführlich zu bearbeiten. Somit ist es gut möglich, dass ich mir oftmals selbst etwas vorweggenommen habe.

Im expressionistischen Gedicht *Abendgang* wird von August Stramm wie in den meisten seiner Werke eine fragmentarische Sprache verwendet, die es dem Leser vereinfacht, die Strophen verbildlicht vor sich zu sehen. Das Gedicht beschreibt meiner Interpretation nach eine bedrohliche, nächtliche Szene, in der zwei sich liebende Menschen eine Kriegssituation durchleben. Die Verwendung von Worten wie „Schweigt", „bangen", „Grauen" und „krampfes" deutet auf Beklemmung und Furcht hin. Der Leser des Gedichts wird durch Wortgruppen wie „krampfes Grauen" und „Der Schein sticht scharf" immer wieder daran erinnert, dass auf das lyrische Ich etwas Schreckliches und/oder Unüberwindbares zukommt. Es wirkt fast so, als ob sich die Liebenden am Ende des Gedichtes einen letzten Kuss geben würden, bevor sie die Nacht für immer verschlingt. Vorwissen über die Motive des Expressionismus lässt eine Rezipientin oder einen Rezipienten das Gedicht in seiner Tiefe und Verzweiflung leichter erfassen. Dies soll allerdings nicht bedeuten, dass der Text nicht auch von Lesern ohne Kenntnisse über die Strömung des Expressionismus gelesen und geschätzt werden kann. Die Wirkung des Gedichts mag dann eventuell eine andere sein, jedoch bleibt es lyrisch wie bildlich ein eindrucksvoller Text.

Mein Ziel für die Vertonung des Hörstücks war es, mich an der Originalstruktur des Gedichts zu orientieren, diese aber mit möglichst wenig Originaltext umzugestalten und somit viel Interpretationsfreiraum zu

...und Antworten

Der Klang von Abendgang

lassen. Die Rezipierenden sollen möglichst frei innere Bilder kreieren und sich atmosphärisch in die Rolle des lyrischen Ichs versetzen. Von großer Relevanz war für mich, die Gefühle, die das Gedicht vermittelt, mit Musik zu unterstützen. Hierbei sollten Musik und Geräusche nicht nur textunterstützend sondern vor allem texterweiternd wirken und die papiergedruckten Textsegmente zu imaginierten Bildern erwecken. Mit der bewussten Auswahl besonders unangenehmer, schriller Geräusche wollte ich die Hörenden in die noch viel schmerzhaftere Lage des lyrischen Ichs versetzen und so die emotionalen Nuancen verstärken. Während der Auseinandersetzung mit dem Text kam es bei mir beinahe zu einer emotionalen Bindung mit dem lyrischen Ich. Natürlich erhoffe ich mir, dass auch die Rezipierenden des Hörstückes diese Gefühle erleben. Lyrische Texte rufen individuelle Assoziationen hervor und laden zu vielfältigen Interpretationen ein. Ebenso soll mein Hörspiel allen Hörerinnen und Hörern die Möglichkeit geben, ihre eigenen Geschichten in dieser Vertonung wiederzufinden.

Textstruktur	Akustische Struktur	Funktion
Durch schmiege Nacht	Schritte normal gesprochen	Soll in das Kommende einleiten und stellt eine Verbindung zum Original her.
Schweigt unser Schritt dahin	wiederholend mit Hall: „Stille" und „Schweigen"	Stille erhält das Wort
Die Hände bangen blaß um krampfes Grauen	Stimmen sprechen durcheinander: „Angst", „Sorge", „Es wird passieren.", „Es kommt.", „Da kommt es.", „Ich weiß, es wird passieren." (wiederholend, verschiedene Lautstärken)	Aufbau von Spannung Aufkommende Angst
Der Schein sticht scharf in Schatten unser Haupt	unangenehmes Geräusch verwirrte Stimmen: „grell", „grelles Licht", „oh Gott ist es hell", „ich sehe nichts", „seht ihre Schatten", „die Schatten", „unsere Schatten"	schreckliches, helles und flutendes Licht, das die Sinne betäubt

Textstruktur	Akustische Struktur	Funktion
Uns!	sehr laut gesprochen, Stille	Abschluss erster Teil
	ruhige, zunehmend bedrohlich werdende Musik	stimmungstragend für folgenden Teil
Hoch flimmt der Stern	leuchtendes Geräusch	
Die Pappel hängt herauf	neutral gesprochen mit leichten Pausen	
Und	laut geschrien, leicht bearbeitet	
Hebt die Erde nach	lautes Geräusch eines Erdbebens	Zerstörung, Angst
Die schlafe Erde armt den nackten Himmel	Erst laut, dann leiser werdend: „Schlaf!"	in den Schlaf wiegen, möglicher Verweis auf Tod (?)
Du schaust und schauerst	wiederholend, überlagernd: „Sieh her", „schau hin", „schau nach", „sieh hin"	Soll Verwirrung hervorrufen und Frage, was geschehen ist.
Und	laut geschrien, leicht bearbeitet	
Uns gebärt der Kuß!	wiederholend, überlagernd: „Küss mich", „küss ihn", „küss ihn", „Kuss"… Stille „Und uns gebärt der Kuss"	Verweist auf den Abschluss des Abendgangs. Stellt eine Verbindung zum Ausgangstext her.

Der germanistische Blick

Eine Verschmelzung von Natur und Eros oder dem Irdischen und Kosmischen erkennt die Fachliteratur in diesem Gedicht. Durch den gemeinsamen Kuss, so weiter, entstehe eine Verbindung von Ich und Du, die beide in die kosmische Harmonie erhebe.

Der gerade beschriebene Übergang von Ich und Du in die kosmische Einheit scheint zunächst nicht zu dem Hörstück von Lea Krauß zu passen, in dem zwei Liebende eine Kriegssituation zu nächtlicher Stunde erleben. Sie spürt einer Beklemmung, Bedrohung und Furcht nach und inszeniert einen letzten Kuss, bevor die Nacht die beiden verschlingt. Was auf den ersten Lauscher widersprüchlich erscheinen mag, ist beim zweiten Nachhören doch gar nicht so weit von der fachlichen Auslegung entfernt, denn eine Auslöschung oder Auflösung von Ich und Du findet tatsächlich in beiden Fällen statt. Ob es nun die Einheit im Tod oder die Einheit im Übergang zur kosmischen Harmonie ist – beide Fälle lösen das Ich und das Du als eigenständige Entitäten auf, beide Fälle beschreiben also einen Tod des eigenständigen Selbst als Tor zur Einheit.

Quellennachweise

Anz, Thomas (2002): Literatur des Expressionismus. Stuttgart/Weimar: Metzler.

Bahn, Michael (2014): Die Theatrale Lyrikuntersuchung. Eine Projektmethode zur Transformation lyrischer Strukturen in theatrales Spiel. Norderstedt: Books on Demand.

Bahn, Michael (2017): Lyrik erleben. Eine Reise an den Rand des Gedichts und darüber hinaus. Norderstedt: Books on Demand.

Bogner, Ralf Georg (2007): Einführung in die Literatur des Expressionismus. Darmstadt: WBG.

Frederking, Volker / Krommer, Axel / Maiwald, Klaus (2012): Mediendidaktik Deutsch. Eine Einführung. 2., neu bearbeitet und erweiterte Auflage. Berlin: Erich Schmidt.

Herbst, Hiltrud / Leitner, Anton G. (Hg.) (2015): Weltpost ins Nichtall. Poeten erinnern an August Stramm. Münster: Daedalus.

Huwiler, Elke (2005): Erzähl-Ströme im Hörspiel. Zur Narratologie der elektroakustischen Kunst. Paderborn: mentis.

Iwertowski, Sven (2014): Die Lyrik August Stramms. Bielefeld: Aisthesis.

Lamping, Dieter (Hg.) (2009): Handbuch der literarischen Gattungen. Stuttgart: Alfred Kröner.

Schmedes, Götz (2002): Medientext Hörspiel. Ansätze einer Hörspielsemiotik am Beispiel der Radioarbeiten von Alfred Behrens. Münster u.a.: Waxmann.

Stramm, August (1990): Die Dichtungen. Sämtliche Gedichte, Dramen, Prosa. Herausgegeben von Jeremy Adler. München: Pieper.

Stramm, August (1997): Gedichte, Dramen, Prosa, Briefe. Herausgegeben von Jörg Drews. Stuttgart: Reclam.

Vietta, Silvio / Kemper, Hans Georg (1997): Expressionismus. 6., unveränderte Auflage. München: Fink.

Wesche, Jörg (2011): Petrarkismus. In: Jaumann, Herbert (Hg.): Diskurse der Gelehrtenkultur in der Frühen Neuzeit. Ein Handbuch. Berlin/New York: de Gruyter, S. 55-84.

Quellennachweise zu den Hörstücken

Bender, Leonie - Traum. Alle User zu finden auf freesound.org:
Radio-Intro von waxsocks.
Radio-Störgeräusch von quantumriver.
Radio-Tuning und Platzregen von milton..
Radio-Rauschen von Fringer_Cat und JovianSounds.
Unterwassergeräusch von felix.blume.
Schnarchen von scarfield.
Ozean von ascensionseries.
Sprühgeräusch von J-La.
Wind von timsc.
Donner von OneSoundToRuleThemAll.
Sanfter Regen von rambler52.
Warnsirene von dcf77.
Einzelner Schrei von RobertaMotta.
Schreie von Cloud-10.
Kriegsgeräusche von DudeAwesome.

Berge, Emily – Wankelmut. Alle User zu finden auf pixabay.com:
Piepston von JCI21.
Herzschlag von UNIVERSFIELD.

Diederich, Marek – Schwermut. Alle User zu finden auf pixabay.com:
Dramatic Scene Separation Melancholy von UNIVERSFIELD.
Children Playing von Pixabay.
Heart Beat von Pixabay.
Body Fall von Pixabay.
Creepy Vocal Ambience von Pixabay.
Knife Stab Pull von Pixabay.
Deeper into it von SamuelFJohanns.

Gunkel, Marc – Verabredung. Alle User zu finden auf pixabay.com:
stroboscope von Pixabay.
Darkness Falls von SoundReality.
the HEART of SUN von Pixabay.
Walking On Concrete Path von DavidGallie.

Herzog, Maurice – Blüte. Alle User zu finden auf freesound.org:
Musikstücke von reinsamba, SoundFlakes und Tri-Tachyon.

Rauch, Agnetha – Verhalten. User zu finden auf pixabay.com:
Ticking Clock_1 von pixabay.
Crowed talking von pixabay.

Schmidt-Drewniok, Paula – Untreu. User zu finden auf open.spotify.com:
Musikstück von Oleksii Kalyna.

Schulz, Viktoria – Erhört. User zu finden auf pixabay.com:
schreiender Mann von mariateresa_garcia
Blitzeinschlag von GregorQuendel
Regen von DonRain
Epischer Sturm von Placidplace
Regen und Sturm von SoundsForYou
heulender Wind von Liecio
Herzklopfen von Pixabay
Vogelzwitschern von SSPsurvival

Dr. Michael Bahn, geboren 1981, arbeitet an der Rheinland-Pfälzischen Technischen Universität Kaiserslautern-Landau, Campus Landau, wo er in der Literaturdidaktik und Literaturwissenschaft forscht und lehrt. Seine Arbeitsfelder sind u.a. die Kinder- und Jugendliteratur (der DDR) sowie Hörspiele und künstlerisch-kreatives Arbeiten im Deutschunterricht. Nach seinem Studium der Literatur-, Sprach- und Religionswissenschaft entwickelte er im Rahmen seiner Dissertation die Theatrale Lyrikuntersuchung (TLU) mit dem Ziel, Gedichte leichter zugänglich zu machen. Daran anknüpfend entstehen in Zusammenarbeit mit Studierenden immer wieder kleine künstlerisch ausgerichtete Lehr-Lern-Projekte.

Weitere Informationen und Kontakt zu Michael Bahn erhalten Sie unter:

www.die-theatrale.de
instagram.com/roy_the_adventurer

Georg Steinig, geboren 1992, beendet gerade seinen Master of Education an der Rheinland-Pfälzischen Technischen Universität Kaiserslautern-Landau, Campus Landau, wo er Deutsch und Sport für das Gymnasium studiert hat. Von September 2023 bis August 2024 war er studentischer Mitarbeiter im Projekt *Die Theatrale Landau. Hörspielproduktion*, gefördert durch das Programm *Digitale & Hybride Lehre 2023*.